学习没有那么难

刘称莲 著

北京联合出版公司

目录 contents

前言·孩子体验到生命的美好，才有动力学习　001

第一章　孩子不爱学习可解吗

满足好奇心，成就孩子的未来　002
打造一个书香门第　009
兴趣和习惯的培养，慎用物质奖励　015
爱自然的孩子更有灵气　020

第二章　提高成绩的金钥匙

人际关系和学习同等重要　028
提前定计划，高效利用时间　034
写好作文，在"写"之外下功夫　040
学好数学，兴趣是最好的老师　046
四个方法，帮孩子成为英语达人　052
三个本子，让复习事半功倍　059
面对孩子的错题，家长怎么办　065

第三章　这么学习不费力

帮助孩子成为记忆高手　072
不管文理科，理解能力是核心　078
专注力 = 正反馈 + 不干扰　085
多角度思考，让孩子更灵活　091
老师是孩子最好的资源　098

第四章 改掉恶习有妙招

孩子逃避难题怎么办　　　　　　　106

粗心马虎只是表面现象　　　　　　111

孩子"输不起"怎么办　　　　　　　118

孩子逃避作业，弄清原因是关键　　125

如何解决孩子的"三分钟热度"　　132

偶像崇拜该如何对待　　　　　　　138

偏科贵在尽早纠正　　　　　　　　144

孩子沉迷电子产品怎么办　　　　　150

第五章 天才在左 教育在右

作业　　　　　　　　　　　　　　158

成绩　　　　　　　　　　　　　　165

考试　　　　　　　　　　　　　　174

习惯　　　　　　　　　　　　　　184

写作　　　　　　　　　　　　　　187

兴趣　　　　　　　　　　　　　　190

老师　　　　　　　　　　　　　　197

后记·大考前给孩子写封信　　　　203

阅读导航

亲爱的读者，为了便于您更有针对性地阅读本书，

我们设置了一个问题索引，根据对应的页码可以快速找到相关内容。

1. 怎样培养孩子的阅读兴趣 010、155

2. 怎样选择适合孩子的书目 013、041、057、082、185

3. 孩子作文入不了门怎么办 025、040、061、188、206

4. 怎样提高孩子的数学成绩 046、172、206

5. 英语"听说读写"能力怎样培养 052、060、068、074、145、191

6. 孩子不会复习怎么办 059、073、199、204、208

7. 孩子应该怎样对待错题 060、064、065

8. 孩子粗心马虎，总犯同样的错怎么办 049、067、111

9. 孩子不爱写作业怎么办 035、087、089、096、125、159、163、182

10. 孩子考试紧张怎么办 175、177、183

11. 孩子偏科怎么办 144、161、172、200

12. 孩子成绩突然下滑怎么办 166、168、172、177

13. 孩子学习畏难怎么办 051、106、148、175

14. 怎样给孩子选择兴趣班　132、191、193

15. 怎样应对孩子的"十万个为什么"　004、080

16. 怎样引导孩子热爱自然　006、021、031、078

17. 怎样激励孩子　017、037、088、091、102、113、119、163、178

18. 怎样让孩子更有时间观念　035、087、089、130、160、204

19. 怎样提升孩子的理解能力　048、050、059、074、078、180

20. 怎样提高孩子的记忆力　003、022、054、061、063、073

21. 怎样让孩子做事更专注　024、085、115

22. 怎样提高孩子的沟通和交往能力　029、080、092

23. 怎样引导孩子与老师建立良好的师生关系　099、148、198、200

24. 孩子是追星族怎么办　138

25. 孩子沉迷电子产品怎么办　014、031、150

前言 孩子体验到生命的美好,才有动力学习

作为心理咨询师和家庭教育指导师，我总是会跟家长和孩子打交道。很多家长都被一个问题困扰——孩子没有学习的动力。

我和这样的孩子交流后发现了一个共性，他们之所以没有动力学习，绝大多数是因为体验不到生命的美好，也体验不到生命存在的价值和意义。那些选择用极端方式伤害自己的孩子，不是他们想要那样做，而是他们真的不想像现在这样活着。他们试图用自残的方式呐喊，甚至想以生命为代价警醒家长和教育工作者，应该更加关注孩子们的内心世界。

就像植物需要阳光和水分才能开花结果一样，孩子的内心也渴望被认可和欣赏。当这一需求被满足，他们便可以体验到愉悦、兴奋、幸福等感觉。拥有这些美好感觉的孩子才能自我欣赏和自我认可，变得热情主动、积极上进，在学习上也会更加努力，因为他们想要成就自己的美好人生。就算在生活和学习中犯了错，家长也可以通过欣赏来帮助他们改正错误、重拾信心。

那么家长该如何欣赏孩子呢？

第一，欣赏要建立在接纳和相信的基础上。

只有家长发自内心地欣赏孩子，孩子才能真正感受到自己的美好。如果家长对孩子不甚满意，只是嘴上敷衍着表扬，孩子是完全可以感受到的。家长首先要如其所是地接纳孩子的有限和不完美，这是欣赏的基础。如果家长总拿自己孩子的不足和其他孩子的长处作比较，是不可能真心欣赏孩子的。

我国赏识教育第一人周弘老师，他的女儿周婷婷出生后不久就被发现是一个全聋儿，完全听不到声音。但在周弘老师的赏识教育下，周婷婷不仅上了大学，还去美国留学并获得博士学位。周弘老师能把身患残疾的女儿培养得这么好，就是因为他接纳了女儿的一切，并且相信她是一个天才。只要女儿有做得好的地方，他就及时地送上认可、肯定和欣赏，周婷婷从小就在心里种下了"我是好孩子"的种子。因此，她不仅没有因为先天的缺陷而自卑，反而成长得阳光自信，小学连跳两级，10岁被评为"全国十佳少年"，16岁成为"少年大学生"，20岁出国留学。

第二，善于发现孩子身上的美好品质并表达出来。

家长要善于发现孩子身上的美好品质，比如勇敢、观察力强、做事细致、善良、有爱心等，只要你发现了孩子身上的优点，就真诚地表达出来。当优点能常被家长看到并欣赏，孩子就会对自己充满信心，优点也会不断生发，真正成为孩子生命中的资源，帮助他学习、工作和生活。

曾经有一位妈妈,说她5岁的女儿不是很自信,我就让她每天花些时间和女儿一起进行自我欣赏。这位妈妈照做了,效果非常好。

具体是怎么做的呢?

就是和孩子一起,找对方身上的优点。

比如妈妈说:"宝贝,妈妈发现你挺细心的,你每天总是把玩过的玩具都收拾好。妈妈也发现你挺懂事的,每次咱俩去超市回来,你都会主动帮妈妈拎东西。"然后邀请女儿也对妈妈送上欣赏,女儿可能说:"妈妈,我发现你挺能干的,每天都要洗衣服、做饭,还要收拾家。"刚开始的时候,女儿可能还不太会找妈妈的优点,但渐渐地,女儿就越来越会欣赏妈妈了。再后来,就可以进行自我欣赏了。这时候妈妈可以稍作引导:"宝贝,妈妈看到你有这么多优点,你自己觉得还有哪些呢?"你会发现孩子果然找到了连妈妈都没有注意到的优点。

再看到这位妈妈的时候,她跟我说,她和女儿每晚睡觉前都会完成这一亲子交流,她发现女儿睡着后,脸上会露出甜美的微笑,可见孩子的感觉非常好。这项活动可以随时随地进行,不一定非要特定的时间。

家长总觉得谦虚使人进步,骄傲使人落后,怕夸奖多了，孩子会变得骄傲自大。实际上孩子被欣赏后，内心会感觉美滋滋的，变得更自信，做事更有热情，也更容易配合家长的要求。

第三，看到孩子的点滴进步。

孩子取得进步的时候，家长一定要及时地送上肯定和鼓励，这一点对学习有困难的孩子尤为有效。我女儿读高中的时候数学不好，总是很沮丧，后来进了一个辅导班补习数学。之后的一次考试，她在年级前进了几名，我问女儿："你考试有进步，要不要继续在辅导班待下去呢？"她表示肯定。后来又一次考试，她在年级前进了22名，我又跟她说这次进步不小，可见在辅导班学习是有效果的，女儿就继续跟着这个老师非常努力地学数学。除了不断地表扬她的进步，我还做了一件事，就是把女儿的作文发给了数学辅导老师，我告诉老师，女儿只是数学差些，她的其他方面非常棒，尤其是作文，常常被当作范文在年级传阅。老师看了我发给他的作文，立即就在下一节数学课上表扬了女儿，女儿回家之后也一直很高兴。在家长和老师持续的欣赏和鼓励下，女儿虽然数学比较差，但依然很自信，所以她愿意去攻克数学上的难题，成绩也就渐渐提高了。

家长一定要对孩子有信心，并且要看到孩子的努力和进步。孩子得到家长的支持，才会严格要求自己，为自己的进步找到更大的动力。

第四，欣赏孩子要注意方式。

对孩子表达欣赏的时候，不要直接说"你太棒了"或者"你是天才"这样笼统的话，而要把孩子的行为描述出来，让他明白自己到底是哪方面做得比较好。《如何说孩子才会听，怎么听孩子才肯说》的作者特意提到，欣赏孩子要从三个方面来做：描述你所看到的，表达你的感受，再把孩子的行为总结为一个词。

我认识一个妈妈，她的孩子读二年级。有一天，孩子放学回来，妈妈看到孩子脸上蹭破了一小块，就询问是怎么回事，孩子回答说两个同学打闹时不小心撞倒他，脸蹭到了地上。妈妈又问他那两个同学有没有向他道歉，孩子回答说没有，不过他已经表示了原谅。这位妈妈就用上面这三步表达了对孩子的欣赏，她说："宝贝，你们班的两个同学打闹不小心撞倒了你，没有道歉，不过你知道他们不是故意的，原谅了他们，妈妈很欣慰，你这样的行为就是宽容。"

孩子听后，露出灿烂的笑容，整个晚上都是欢快的。

第五，对于犯了错或者行为有问题的孩子，也可以用欣赏的方式与其沟通。

陶行知先生与"四块糖"的故事非常著名，也很有启发意义，故事是这样的：

陶行知先生当校长时，在校园里看到一个男孩用泥块砸同学，当即制止了他，并要他放学后到校长室去。

放学后，陶行知来到校长室，男孩已经等在门口。陶行知不仅没有批评他，还送了他一块糖，说："这是奖给你的，因为你按时来到这里，而我却迟到了。"男孩惊疑地接过糖果。接着，陶行知又从口袋里掏出一块糖给男孩，说："这块糖也是奖给你的，因为当我不让你再打人时，你立即住手了，这说明你很尊重我，我应该奖励你。"男孩迷惑不解地又接过了糖。陶行知掏出第三块糖，说："我调查过了，你用泥块砸那些同学，是因为他们不守游戏规则，欺负女生。你砸他们，说明你正直善良，有跟坏人斗争的勇气，应该奖励你！"听到这里，男孩感动极了，他流着眼泪悔愧地说："陶校长，您打我两下吧！我错了，我砸的不是坏人，而是自己的同学呀！"陶行知满意地笑了，随即掏出第四块糖果递给男孩，说："你正确地认识了自己的错误，我再奖给你一块糖。"待男孩接过糖，陶行知说："我的糖给完了，我看我们的谈话也可以结束了。"

这个男孩以后还会打人吗？我想答案该是否定的。这就是欣赏的力量。

曾经有一位高一孩子的妈妈找到我,说孩子就是不去学校,每天晚上打游戏到半夜,白天睡到中午,然后出去和一帮社会上的人打篮球。我就让这位妈妈发自内心、真诚地欣赏孩子,找到他身上的优点并每天在本子上写下来。因为孩子不愿意和家长交流,这位妈妈很是头疼,但还是硬着头皮去做了。神奇的是,一段时间之后,这位妈妈告诉我,孩子主动说要回学校上课。即使这段时间妈妈没有跟孩子说些什么,但是妈妈带着欣赏的眼光看孩子,孩子感受到了,所以改变就发生了。

从我的第一本书《陪孩子走过小学六年》出版至今,我已经为家长们写作、演讲超过十一年的时间,我的书累计销量也达到数百万册,看到越来越多的家长认识到自我学习的重要性,我感到十分欣喜。这本专门解决孩子学习问题的新书,是在我之前出版的《与孩子并肩的人》的基础上修订而成,特意添加了针对家长们最常提出的七类问题的回答,并邀请我的女儿李若辰专门给孩子们打造了关于不同学科学习方法和语文写作技巧的两本别册,希望能给家长和孩子们提供真正有效的帮助。

每个孩子都像一粒种子,每粒种子都有顽强的生命力,而认可和欣赏就是激活种子生命力的养料。从现在开始,愿每位家长都能成为施肥的园丁,助力孩子茁壮成长。

第一章

孩子不爱学习可解吗

满足好奇心，成就孩子的未来

在《孩子是如何学习的》这本书里，作者讲了一件事：有一年初春的时候，学校的学生们正准备脱去毛衣，清洗干净之后收起来。这时候，有的孩子很好奇"为什么毛衣水洗后会缩水"。学校里没有人可以告诉他们答案，但他们想知道。于是，这群孩子就写信给州立大学，向大学借了一台显微镜。孩子们准备了洗涤前的羊毛和洗涤后的羊毛，通过显微镜观察后，他们发现羊毛的结构是一节一节的，水洗后，这些节会缩到一起，所以整件衣服就变小了。观察完羊毛后，孩子们又拿来了其他的织物，他们发现不同织物的外表和编织的方法也有很大不同。于是，孩子们又对编织产生了兴趣，开始用最简单的工具编织布料。在编织过程中，他们发现一块小方布要用72小时才能做好，那么做一整套衣服又需要多长时间呢？这时，他们不仅是在思考数学问题，其实已经在向经济学领域进军了。通过编织，他们开始明白劳动分工和机器作业是多么重要。后来，他们通过查找资料，了解到机器的发明最早是在英国。

就是因为对毛衣缩水这件事感到好奇，孩子们开始了多个方向的探索。因为要进行多方面的探索，在那一年里，班里35个孩子一共阅读了700多本书，包含植物学、动物学、数学、经济学、历史学等诸多内容，学到了很多知识。

这就是孩子的学习方式。他们因为好奇而学习，会把世界当作一个整体，而没有所谓的物理、化学等学科概念。

好奇心是人类的天性，会促使孩子主动地学习。因为好奇，孩子学会一样新东西后，还想要学习其他的东西。有好奇心的孩子会一直保持强烈的求知欲，从而使学习过程变得非常有趣。好奇心会使大脑始终处于兴奋状态，还会延长记忆在大脑中留存的时间。如果孩子的好奇心得到满足，不只是知识会增长，还会引发孩子其他方面的成长。比如，孩子可能会对宇宙、生命等产生敬畏。

基于好奇心的学习，孩子会享受其中，也不会轻易厌学。在不断探索的过程中，孩子会发现自己喜欢并擅长的事情，及早确定人生目标。如此，孩子便可以为自己的目标而学习。因此，好奇心对于人的成长、成才是大有益处的。虽然目前国内大部分学校还不能做到让充满好奇心的孩子自由地探索学习，但家长可以在家里创造条件，满足孩子的好奇心，开发孩子享受学习的心智模式，帮孩子成就未来。那么，家长该如何做才能满足孩子的好奇心呢？

第一，要认真对待孩子的问题。

孩子的问题一定是五花八门的。我女儿小时候，我们家有一个本子，专门用来记录她提出的问题，简直可以媲美《十万个为什么》。比如：

为什么天气过一段时间就热了，过一段时间又冷了呢？

为什么盘山道要拐那么多弯儿？

为什么姥姥脸上有皱纹，而妈妈脸上没有？

有些很容易回答，但更多的问题我压根儿不知道答案。不过，每一次女儿提问，我都认真对待，能回答的就回答，答不上来的，就邀请她一起查资料找答案。在女儿问过的问题里，我记得最难回答的一个问题是："妈妈，世界上第一个人是从哪里来的？"刚开始，我会搜肠刮肚地给她讲生物进化论等，她好像懂了，点点头。但是过了一段时间，她又来问："妈妈，世界上第一个人到底是怎么来的？"这下我不知该怎么说了。后来，我把女儿带到书店，找到跟人类起源相关的书，让她自己翻看。从此以后，女儿便不再问这个问题了。正是因为遇到不明白的问题时，我带着女儿查资料，她才在小学阶段就养成了自己查资料的好习惯，这其实是在培养她的自学能力。

现在我回过头来反思，发现我当年的回答根本就没有满足我女儿的需求，她提的问题非常深奥，直接和生命以及宇宙规律相关，而我试图用很表面的知识来回答她。其他孩子也是一样的，他们提出的问题看上去在信息层面，实际上他们好奇的是更深层面的意义。当孩子提问时，家长除了要认真回答，还要和他一起探索深层意义，比如可以反问孩子："为什么你想问这个问题？""你自己觉得呢？"探讨过后再一起去查找资料，这个过程对孩子的帮助更大。只有当好奇心和求知欲不断地被呵护和满足，孩子才有兴趣去探索新的东西。

孩子提出问题的时候，家长切记不要敷衍、训斥孩子。如果家长的态度不好，孩子很可能会逐渐失去兴趣，从而放弃提问。一个孩子没有了好奇心，便失去了探索世界的欲望，也就失去了前进的动力，这才是最可怕的事情。

第二，要让孩子随时随地学习。

不是只有上课听讲、写作业才叫学习，孩子其实随时随地都在学习。当孩子对很多事物充满好奇的时候，家长要提供机会，允许孩子去探索。

我女儿小时候就是个好奇宝宝。为了满足她的好奇心，在她上中学之前，我们家就没有断过养小动物。女儿从小就对昆虫特别好奇，所以昆虫是我家另类的宠物。夏天，槐树上悬挂在半空中的"吊死鬼"（学名尺蠖）人见人躲，女儿却带了几只回家，养在盒子里。有一次我们去苏州游玩，女儿看到别人养了一大盘蚕宝宝，便不辞辛苦带回来几十只，用桑叶把蚕宝宝喂得白白胖胖……女儿三年级时就是昆虫学家法布尔的粉丝，每次去书店只要看到跟昆虫相关的书籍，她都要翻看，因此掌握了不少昆虫知识。

在和这些小生灵相处的过程中，女儿逐渐了解到生命的神奇，从小建立起敬畏生命、热爱自然的人生态度。在悉心照顾这些小动物的过程中，女儿的爱心和责任心也在不知不觉中培养起来。我非常庆幸，在女儿展示出这些在别人眼中或许稀奇古怪的爱好时，我和先生没有扼杀她的好奇心，而是给她提供了一个宽松自由的环境，支持她发展自己的爱好。

2010年，女儿参加了香港大学的校长推荐计划，在一对一面试环节，考官跟女儿讨论的就是有关昆虫的问题。一开始还稍有紧张的女儿，聊到这个话题，话匣子一下子就打开了。她跟面试官聊得非常开心，以至于时间到了，面试官还意犹未尽。这次面试之后没多久，香港大学就发来通知，给我女儿高考加20分。这极大地提升了女儿的自信，高三阶段她非常勤奋地学习，最终考上了北京大学。

第三，鼓励孩子多动手。

孩子在家里干这干那，其实也是好奇心使然。他内心会有强烈的愿望，希望自己能够像大人一样能干。所以，很多孩子是很愿意干活的。在干活的过程中，孩子会接触到很多生活常识，他会把这些常识和课本知识结合起来。

其实，孩子动手干活的过程和游戏玩耍是一样的。我曾经听一位爸爸说，他的儿子经常和他一起修理家里的各种物品，做各种实验。到了中学阶段，这个孩子学起物理和化学来非常轻松，因为那些知识原理他在家里早已了解了。

另外一个方面，大量阅读也可以满足孩子的好奇心，而且是最有效的手段。阅读也是孩子课内学习内容的重要补充。老师和家长不可能回答孩子所有的问题，却可以借助书籍，让孩子自己找到答案。

　　小孩子阅历少，所到之处、所见之物及耳闻之声对他来说都是陌生、新奇的，他需要好好去探索才会明白这些到底是怎么回事。作为家长，我们有责任小心呵护孩子这颗好奇的心，帮助孩子逐渐认识世界，懂得越来越多。

打造一个书香门第

我曾经在一个家长群里做了一个小调查：晚上9点钟，家里人都在做什么？有人回答，爸爸在打麻将，妈妈在玩手机，女儿在看电视；也有人回答，要是天气好的话，一家三口会出去逛街；还有人说，爸爸在单位加班，妈妈在家里做家务，孩子在做功课……你会发现，不同家庭的生活方式很不相同。

在这些家庭里，第一个家庭里的三个人之间没有什么联结，爸爸、妈妈和孩子在各自的休闲时间里，互相不搭理。如果把画面换成妈妈抱着孩子在亲子阅读，那该多么温馨。这样不仅亲子关系和谐，而且有利于孩子的成长。我提倡阅读，是因为阅读有很多好处，比如满足孩子的好奇心，让孩子明白做人的道理，提高情商，弥补课本知识的不足，拓展孩子的知识面，等等。

那么家长该怎样培养孩子的阅读习惯呢？

第一，家长要树立"爱读书"的好榜样。

就像我们前面说到的，如果家长天天打麻将，孩子爱上读书的可能性就很小。如果父母爱读书的话，孩子便会学着父母的样子去翻书、读书了。

我听一位从事生物研究的爸爸讲起他和自己女儿的故事。女儿小时候很黏爸爸，但是爸爸太忙了，总有做不完的事情。于是，他会把女儿带到书房，先跟女儿玩一会儿，然后便开始看书、做研究。而女儿呢？就坐在爸爸身边看书。因为爸爸的专业方向的影响，女儿很早就开始读生物学方面的书籍。高二的时候，她参加全国生物学竞赛，获得了一等奖，最后被北京大学生物系提前录取。

我还认识一位很有智慧的妈妈，在她女儿还很小的时候，就开始读书给女儿听。从小学到中学，母女俩一起吃饭或者一起等车的时候，妈妈就会读书给女儿听，而且读的都是经典书籍。在妈妈的熏陶下，女儿也特别喜欢读书。妈妈这样做，呈现在女儿面前的，是一个爱读书、具有文艺气质的妈妈。而女儿小小年纪，阅读的深度和广度都远远超过了同龄人。

我总是会听到一些家长抱怨自己的孩子不爱读书，家长不妨先问问自己：我的闲暇时间是不是用来读书了？有句谚语说得好:"龙生龙,凤生凤,老鼠的儿子会打洞。"讲的其实就是家长的榜样力量。

第二,要让孩子有书读。

这是什么意思呢?在这里,我指的是家里要有书,或者家长要带孩子去有书的地方,比如图书馆、书店等。根据我的观察,绝大多数孩子都是爱读书的。我和先生都在农村长大,我们都记得自己小时候是多么渴望读到课外书。我女儿小时候,只要有书读,其他事情都可以放下。为了更多孩子可以读到好书,我和先生开了一家少儿图书馆,名字叫作"第二书房",来到这里的很多孩子都会安静地自己看书,或者听父母给他们读书。

通过读书,孩子可以自己解决困惑和生活中遇到的问题。并且,书里讲授的各方面知识,也是孩子在课堂里学不到的。因此,大部分孩子都喜欢读书,无论是自己读,还是和家长一起阅读,都是孩子喜欢的事情。

让孩子有书读,一方面是给孩子买书,直接把书买回家给孩子读;另一方面,也可以借书,去图书馆或者从别人那里借书给孩子读。

我女儿小时候,每逢特别热或者特别冷的周末,我都会带着女儿在北京海淀图书城度过。那个时候,我们的生活条件比较艰苦,周末逛书店,不仅是为了满足读书的需求，还可以蹭空调。后来条件好了，我们看到合适的书都会买回家。有的时候，家里的书不能满足女儿的需求，她自己也会向别的同学借书读。也因为我那时没有给女儿报各种课外兴趣班，她有很多时间来读书，所以她的阅读量在小伙伴中算是比较大的。

只要孩子喜欢读书，阅读量就会特别大。有的孩子读书很快，家长不想买那么多书，这时就要好好利用图书馆了。我们的"第二书房"每个月都会统计小读者的阅读量，读书多的孩子一个月的借阅量能达到200本。2017年，根据我们的统计，读书最多的一个小朋友，一年总共读了1745本书，虽然这其中包含很多绘本，但单看这个数量也是非常可观的。我们想一想，1745本书，孩子能从中学到多少知识啊！很有可能经过这一年，孩子就会培养出"腹有诗书气自华"的气质来。

第三，要让孩子读到书。

在这里，我指的是：家长把书买回来或者借回家以后，要把书放在孩子可以看到的地方，让孩子不经意间就能接触到书，从而爱上读书。

我常常听到家长说："我家里有的是书，可孩子就是不读。"家长除了要树立榜样之外，还要在家里营造读书的氛围。我的做法是：在家里到处都放上书，沙发上、床头、餐桌，甚至卫生间里也放上一两本书。这样孩子无论走到哪里，随手就可以拿起一本书来读。当年我女儿就是这样的，她在家里几乎任何地方都可以看到书，有空就拿过来翻翻看。只要是好书，而且孩子能接触到，久而久之，他便会慢慢爱上读书。不过，这个方法虽然有效，但是会使家里显得有些凌乱，恐怕一部分特别爱整洁的家长难以接受。

也有不少家长会在孩子经常活动的客厅开辟一个读书区，摆上书架，把适合孩子读的书放在书架上。我有一位好友，她家大大的客厅里没有摆放电视，而是把一整面墙都做成了书柜，还特意留出下面两层，专门用来码放孩子的书。在书柜的下面，铺了一块大地毯，地毯上放着一张小方桌，孩子在舒适的地毯上可玩可读。

只要家长想让孩子读书，就一定会想出好办法来的。

第四，要让孩子读好书。

很多家长都会有这种困扰：带孩子到书店买书，书架上五颜六色的童书琳琅满目，种类很多，却不知道选哪本好。实际上，有些童书并不适合孩子读。"不适合"往往体现在两个方面：一方面是内容不能吸引孩子，也就是写法不生动，不符合孩子的口味；另一方面是内容没有营养，甚至包含色情、暴力的内容，就更不应该给孩子读了。

过去我们说"开卷有益",现在可不是了。现在的书太多了,质量也参差不齐,并不是所有的书读了都有益处,有些书对孩子的成长不但没有帮助,还有很多害处。所以,家长要甄别和遴选内容健康的书给孩子。我自己选书的原则很简单,就是书里的内容要传播真善美,那些有暴力、色情以及低级趣味的书就不给孩子选。在此基础上再根据孩子的心智发展和喜好来帮助他选书。比如六岁的孩子比较适合读图文结合以及有注音的桥梁书,而十岁的孩子则可以让他们读相对大部头的人文类、科普类书籍了。不同性情的孩子又会有不同的喜好,这一点也是要考虑到的。

现在家长们都会在各种家长社区活动,比如微信群,一方面可以利用社群里的家长,了解他们都给孩子读什么样的书;另一方面也可以利用那些少儿阅读推广机构和阅读推广人,他们推荐的书目大多经过精心挑选,会避免内容不好的书进入家门。

总而言之,让孩子读书是有百益而无一害的事情,尽早培养孩子的阅读习惯,对孩子的学习和做人都会有帮助,还可以避免孩子沉迷于网络游戏等虚拟的世界中。

读书这件事,别再犹豫,抓紧行动吧!

兴趣和习惯的培养，慎用物质奖励

一个小男孩放学回到家，看到家里多了一个乐高玩具，非常高兴。就在他兴冲冲地正要打开盒子的时候，妈妈说："这是姥爷给你买的生日礼物，姥爷说了，你期末考试要考得好才能玩。"小男孩立刻像泄了气的皮球，垂头丧气地进了自己的屋子，直到妈妈喊他吃饭才出来，整个晚上都无精打采的。

这个场景是不是很熟悉？不少家长习惯把物质奖励作为条件来跟孩子谈学习，尤其喜欢用物质奖励刺激孩子的学习兴趣。比如有的爸爸会说："儿子，下次数学考试得90分，爸爸就给你买足球。"有的妈妈会说："闺女，每天回家多做五道数学题，妈妈过些天就给你买条漂亮的裙子。"

家长要知道，用物质奖励来交换学习成绩，会对孩子产生不好的影响，导致孩子对学习失去兴趣。

在学习过程中,孩子如果能获得心理上的满足,比如通过学习拥有解决问题的能力,那么当他真正具备这种能力时,就会获得认可和肯定,自尊感也会提升。即使做不到,也能获得接纳和鼓励——这是一种内驱力,孩子感觉到自己是为了成长而学习,他就会有劲头,并且容易坚持下去。而物质奖励则是一种身外之物,更像是外驱力,或许起初会对孩子的学习产生一定的激励作用,但是这种有条件的奖励,会让孩子对学习的目的产生混乱的认知,以为学习就是为了获得物质奖励。那么,如果外驱力一直存在,并且不断增加,孩子可能会持续下去。一旦外驱力没有了,或者不增加了,孩子很快就会想放弃。

从心理学家马斯洛的需求理论来看,物质的满足是一种比较低级的生理上的满足。现在的孩子在物质方面并不匮乏,他们很快就会厌倦物质奖励。对学习也是如此,当家长的物质奖励不能持续满足孩子的需求时,他便会对学习失去兴趣。

对于学习不太好的孩子,如果家长用物质来激励他,条件是要达到一定水平才给,达不到便不给,这会让孩子产生很深的挫败感,觉得自己很糟糕,严重的甚至会自暴自弃。一位初中生的爸爸说,他曾经跟儿子说:"只要你学习好,爸爸就给你买笔记本电脑。"结果儿子说:"老爸你算了吧,我宁愿不要笔记本电脑,你也不要跟我谈学习。"可见,用物质来激励孩子的学习兴趣和学习习惯,并不是好方法。无论哪种孩子,这种做法都会让孩子感到家长的爱是有条件的,从而对自己存在的价值产生怀疑。所以,家长一定要慎用物质奖励,以免对孩子造成负面影响。如果家长要给孩子买玩具和漂亮的衣服,一定是因为爱孩子,而不是引诱他考个好成绩。

看到这里,有的家长可能会问:"不用物质奖励,那应该用什么方法激励孩子呢?"

第一,让孩子明白学习的目的。

从一个人内心的需求来讲,孩子的内心更需要被信任、被认可、被肯定、被接纳,以及实现自我价值所带来的满足感。这些东西家长都给到了,孩子就会很容易受到激励。

比如,一个二年级的孩子跟着妈妈去买菜。过完了秤,孩子告诉妈妈:"妈妈,你应该给叔叔五块八毛钱。"这个时候,妈妈可以及时称赞孩子:"儿子,你都能算账了!下次,妈妈不来,你也可以帮妈妈买菜了。妈妈很开心你有这个能力!"听到这话,孩子内心被肯定、信任的渴望就得到了满足,这会让他很有成就感和价值感。也许下次学数学的时候，孩子会更加用心，因为他明白了数学的用处。因为这一次买菜的经历，孩子学数学的兴趣就被调动起来了。这种精神鼓励比物质诱惑的作用更加长久，而且省时省力，家长随时随地可以做到，只是家长要有意识地给孩子创造机会。

第二，让孩子体验到不断进步的成就感。

有一位小学英语老师，她通过积分制让孩子们喜欢上学习英语。老师给每个孩子都建立了一个积分档案，无论是平时表现还是考试成绩，只要孩子做好了，她就给予加分奖励。比如，考试考了90分，那就加90分；平时回答对老师的一个问题，加10分；写对一个单词，加1分……这样，每个孩子的档案里都会不断地加分。孩子们看到自己的分数越来越高，很兴奋，便争先恐后地努力学习英语。这无疑也是一种激励机制，让孩子不断获得成就感，觉得自己非常了不起，因为每加1分，都是他努力的结果；每加1分，都是因为他掌握了一些新东西。所以，这个老师教出的孩子，英语成绩都不错。更关键的是，孩子们都对学习英语有浓厚的兴趣。

第三，积极正向地强化行为习惯。

我女儿小时候，有一段时间晚上总是睡得很晚，我特别心疼她睡眠不足，影响到身体健康。后来，她的老师给我出了个主意，让我画一棵大树，并跟女儿约定：只要她晚上在9点之前睡觉，我就在树上画一颗苹果或者一朵大红花，以示鼓励。这个约定让女儿很兴奋，她努力在9点之前上床，并且临睡前还不忘吩咐我："妈妈，你给我画上一个苹果吧！"或者"妈妈，我今天睡得早，你把红花画得大一点啊！"看着开满树的红花和结在树上的苹果，女儿很是骄傲。用这种方法，女儿没过多长时间就能早早上床睡觉了。

这种方法表面上看是有形的奖励，其实是正向强化，即对孩子做到的部分给予强化。每一次强化，就像在孩子的"心理银行"存入一笔钱，孩子内心的"存款"越多，就越有信心。这种做法跟前面讲到的有条件的物质激励不同，如果孩子没有做到，便得不到奖励，这会让孩子觉得之前的努力全白费了。

孩子的习惯需要养成，兴趣需要激发。至于如何培养习惯，激发孩子的学习兴趣，则需要家长调动智慧，寻找有效的方法。相信每一个爱孩子的家长，都会找到适合自己孩子的方法。

爱自然的孩子更有灵气

有时候会听到学校的老师抱怨:"现在的孩子真是缺乏灵气。"也会听到家长说:"多希望我的孩子是充满灵气的,可他太死板了!"

那么有灵气的人到底是什么样子的呢?

我认为,一个人对世界充满好奇,能够敏锐地感知真、善、美,表现出友爱、慈悲,具备活力、创造力、同理心等人格特征,就是有灵气。我想绝大多数家长都希望自己的孩子能够成为这样的人。

想要孩子富有灵气,让孩子保持和大自然的联结是非常有效的途径之一。神奇的大自然蕴含了太多奥妙,如果小孩子常在自然中被熏染,自然会变得更有灵气。

有人把自然界中的山、水、树、花、鸟、鱼、虫、云、雪、雨、雾等物象称为"生动类信息",而且强调要多采集这类信息,也就是多让孩子向大自然学习。这样会让孩子变得灵活、善于变通并富有创造力，还可以培养孩子克服困难的能力、增强环保意识、锻炼体魄，让他受益匪浅。

在我女儿小的时候，我和先生非常喜欢带她去领略大自然的壮美风光，女儿也从中收获良多。

那么家长怎么做才能让孩子多接触大自然呢？

第一，主观上重视让孩子和大自然产生联结这件事，抽出时间陪孩子走近大自然。

有的家长认为孩子的主要任务就是学习，去户外是浪费学习时间。其实不然，孩子在大自然中的学习会更多，而且更有趣。有的家长说自己很忙，没有时间带孩子出去玩，其实都是借口。如果把带孩子去接触大自然当作一件重要的事情来做的话，就一定可以找到时间。

我女儿上小学期间，我们家有个特别的日子，叫"家庭日"，就是每周一家三口要共同度过一天。在这一天，爸爸妈妈尽量不安排其他的事情。我们的"家庭日"一项重要内容就是爬山。之所以选择爬山，是因为我和先生都觉得，到了山里才能完全跟大自然亲密接触。

有一年春天，我们仨去爬北京北郊的阳台山。那时候，桃花开了，山里散发着淡淡的香气，我们一家有说有笑，一路上也不觉得累。当我们快爬到山顶的时候，突然下起了鹅毛大雪。一阵微风吹过，雪花飘舞、落英缤纷。凉的风、润的雪、香的花，在天地间顷刻融为一体，我们不禁被这奇妙的景色所震撼。三月飞雪很常见，但是亲身体验到如此曼妙的"桃花飞雪"，我和先生也是生平第一次。那次我的感受非常奇特，被震撼得无法用言语表达，我想女儿幼小的心灵也会在那一刻得到洗涤，变得异常澄明。

大自然的美是很神奇的，常常带孩子到大自然中去，他才会深切体会到这种美，也才会发自内心地热爱自然、敬畏自然。其实，多数孩子在小时候主要是通过切身的体验来学习和认识世界的。孩子通过感官体验到的内容会在他的头脑里形成概念，成为属于他的知识。比如，孩子只有看到桃花的颜色是淡粉的，闻到它的味道是清香的，才会明白别人描绘的桃花到底是什么样子。这也是一种学习，而且这样学到的才是真正可以感知到的知识，才能让他记忆深刻。

我们带女儿爬山，经常会"不走寻常路"，专门选择那些没有人走过的路。大多数时候，女儿都是在爸爸的带领下，披荆斩棘才到达山顶的，在这个过程中就锻炼了孩子的野外生存能力。就算她是女孩子，在和爸爸妈妈一起克服困难、到达山顶的过程中，也会体验到很强的力量感和成就感。长大后，她就不会娇滴滴的，遇到困难也会努力去克服。

当你真正意识到带孩子走进大自然的重要性时，就一定会想办法达成。

女儿上高二的时候，青春偶像剧《一起来看流星雨》热播，她是忠实观众，每天都看。她看这部电视剧的时候，跟我们表达过特别想去看流星雨。恰好当年11月，新闻报道称有狮子座流星雨大爆发，我即刻就想如何才能帮助孩子完成这一心愿。虽然女儿还有一年就要高考，那天还是周三，我和先生还是克服各种困难带她到内蒙古看了一次流星雨。我们一家三口冒着零下十几摄氏度的严寒，站在茫茫雪原看着流星雨划过天空，一颗颗落向地面。女儿十分激动，不住地大叫着："太神奇了！太神奇了！"那种奇妙的景象带给她的心灵震撼，也只有置身广袤的大自然中才会体验到。

第二，当孩子对自然现象感兴趣的时候，提供机会让他观察和探索。

在我女儿小时候，我们鼓励她随时随地进行观察。

有一次，我和女儿去爬凤凰岭。爬到半山腰时，女儿停了下来，小心翼翼地把食指放在嘴边做了个"嘘"的动作，然后蹲在地上低头观察了起来。我知道女儿估计又发现了什么稀奇的东西，也蹲下来和她一起看。

原来，地上有三只蚂蚱，其中的两只正在打架，战况激烈。双方一会儿用嘴咬，一会儿用带有锯刺的腿互相蹬。而另外一只蚂蚱则"隔山观虎斗"，在旁边一动不动。最后，其中一只蚂蚱被打败了，两条后腿都被扯了下来。这时，胜利的那只爬到一动不动的那只蚂蚱身上开始交尾。而战败的那只，则灰溜溜地爬走了。这时我们才明白，原来是两只雄性蚂蚱为了一只雌性蚂蚱在决斗。女儿同情弱者，为那只战败的蚂蚱抱不平，还试图用木棍把那对"新婚夫妇"分开，结果没有成功。

整个过程持续了足有半个小时，不到7岁的女儿非常专注，时不时地小声问我一些问题，我便尽我所能地给她讲述关于昆虫的知识。同时，在昆虫交尾的时候，我也简洁地给她讲了讲平时不太好说的，关于男女之间性的问题。

在这半个小时里，女儿上了一堂精彩的自然课，比起学校里的课程，这堂课会给她留下更深刻的印象。回家以后，女儿还特意查阅了工具书，对当天学习的内容进行了"巩固"。

我非常高兴女儿在玩耍的过程中学到了课堂上学不到的知识，在这种轻松的活动中，女儿的智力得到了非常有效的开发。构成智力的因素有很多，观察力、注意力、记忆力、思维力、想象力都必不可少。就我们遇到的"蚂蚱决斗"而言，女儿通过各种知觉的体验，调动各种能力，产生了进一步的求知欲，所以才有回家之后继续学习的冲动。

我女儿喜欢昆虫，想更仔细地观察昆虫的习性，我们就允许她在家里饲养。她小时候，我家的宠物除了常见的兔子、乌龟等，还有非常另类的各种虫子。

有一次我们一家去爬山，在路边发现了好多漏斗形的小土坑，坑底有种小虫子。女儿很好奇，想带回家里养。于是我们捉了几只回去，在一个盆里放上土，把小虫子养在盆里。女儿为了弄清楚这种小虫子是什么、生活习性如何，特意仔细查了百科全书。原来，这种虫子叫作"蚁蛉"，以蚂蚁为食；漏斗形的小土坑是它们制造的"陷阱"，一旦有蚂蚁爬到土坑边上不小心掉下去，这时候蚁蛉就会爬出来吃掉猎物。知道了这些，女儿每天放学后第一件事就是去捉蚂蚁并放进盆里，然后趴在边上仔细观察，后来写了很长的观察日记。

女儿经常和大自然接触，所以她的作文向来不缺素材，而且都是切身的体验和感受，语言也真实生动，充满情趣。俗话说"巧妇难为无米之炊"，孩子的生花妙笔，也正是来源于真实的生活体验。让孩子和大自然多接触，也是一种学习，是每个孩子都不可或缺的成长之路上的风景。

我特别认同教育专家孙瑞雪说过的一段话：玩雪就是认识雪，看一棵树就是认识一棵树。面对一个自然的世界，孩子把自己的身心投放进去，去感知它的美妙。这么一个体验快乐、锻炼勇敢的过程，也是帮助孩子建立人格的过程。

如果你也希望自己的孩子灵活多变、富有创造力、拥有健全的人格，那么就尽可能在孩子的童年里，多带他到大自然中感受一切吧！

第二章

提高成绩的金钥匙

人际关系和学习同等重要

教育专家孙云晓说:"缺少同伴比考试不及格更加可怕。"我非常认同这个观点。

从社会功能来说,与人交往是一种能力。孩子的成长其实是一个社会化的过程,与人交往的能力更是孩子将来在社会上立足的基础能力之一。在社会上"混"得比较好的,往往是那些人际交往能力比较强的人。学习成绩固然重要,但人际交往能力的培养,也是孩子社会化过程中极其关键的一个部分。

从心理学的角度来讲,与他人联结是人的本能和心理需求。家长们一定知道,孩子多么喜欢和小伙伴一起玩。只要和其他小朋友在一起,他就根本不想回家了,或者别的小朋友来家里玩,他就不想让人家走了。家长要明白,满足孩子与人联结的心理需求,就等于培养孩子与人交往的能力。

我们该如何满足孩子的需求并帮助他们提高交往能力呢？

第一，创造条件，找机会让孩子和小伙伴交往。

我和先生是半路"北漂"，初到北京那几年朋友不多，所以和女儿打交道的小朋友主要是学校里的同学。为了不让女儿感到孤单，我总是找机会让她和同学们多接触。

女儿上幼儿园的时候，每天下午接上她以后，我都会叫几个小朋友一起到北京大学西门办公楼前的草坪上玩个够。所以，那时候女儿有几个非常要好的伙伴，偶尔周末也会几家人相约出行，女儿就这样度过了非常快乐的三年。

上小学以后，班里的许多同学都要在周末补习。我就利用等孩子下课的空闲时间，跟班里其他同学的家长聊天，了解哪位同学课余时间相对比较清闲，便索要家长的电话相约一起出游。比如让孩子们晚上写完作业一起滑轮滑、荡秋千，周末的时候到郊区爬山或者逛公园，等等。女儿是幸运的，虽然大多数同学都很忙，却也总能在不同时期碰到脾气相投的好朋友。

一年级的时候，女儿总会在放学后玩一会儿再回家，有个叫帅帅的小朋友也是如此。于是，他们俩便成为了好朋友，玩双杠、爬杆，不亦乐乎。到了二年级，有个叫美琦的小女孩，每周总有一天不上课外班，两家人便经常相约一起出去，清华的工字厅、动物园、香山等地方都留下了我们两家人的身影。

孩子应该在学校里有几个关系很铁的伙伴，这不仅是人际交往问题，还关乎孩子在学校的心情，甚至会影响他的学习。如果班里有很要好的朋友，孩子就会喜欢去学校，在学校里也会比较开心。好朋友就像吸引孩子爱上学校生活的吸铁石，孩子在学校的时候心情好，才有可能喜欢上学习。

第二，邀请小朋友到家里来玩。

女儿上小学的时候，我们家住得离学校比较近，因此我就让女儿邀请同学到家里玩儿。经常有小朋友放学后和女儿一起在我们家写作业、做游戏。有的小朋友父母偶尔有事，便会在我们家吃过晚饭后再等着父母来接，其中有几个还特别喜欢我做的山西口味面条，来了之后兴冲冲地对我说："阿姨，咱们今天吃您做的面条吧！"孩子们在一起玩得高兴，学习效率也高，我就算忙也很乐意。

把一群小朋友叫到家里，我的确多了不少麻烦，但孩子们却获得了学习人际交往的机会。比如女儿就常常学着我的样子热情地招待她的同学，当同学想要读她的书或者玩她的玩具时，她要学习如何分享和拒绝；有同学在我们家不开心时，她要学着怎么帮助同学调节情绪……可见，邀请小朋友到家中做客看似一件简单的事情，但会让孩子积累很多为人处世的经验。

第三，长假期间可以组织家长"联合带孩子"或集体出游。

一到寒暑假，家长特别发愁的一件事就是孩子在家只知道玩手机、打游戏。我女儿上小学时，家长委员会的几个家长想了一个办法——联合带孩子，就是哪个家长有时间，就把几个孩子集中到一起，由一个或者几个家长带领孩子玩儿。形式类似现在的假期托管，只不过是一群熟悉的小伙伴一起托管在某个小朋友的家里。孩子们在一起，可玩的项目就丰富了许多。家长会带他们游泳、打扑克、去动物园……这种联合带娃的方式既能让孩子在假期里不再孤单，又可以让家长放心上班，不用担心孩子在家玩得收不住心。

我们也会组织三五个家庭集体出游——去云南过春节，去庐山过暑假，去山西蟒河游览，星期天的郊游更是频繁。孩子们因为有了同龄的伙伴，玩得很高兴，在彻底放松的玩耍中，友谊也变得更加牢固。如今，在独门独户的楼房里长大的孩子，能找到关系亲密的朋友是非常难得的一件事情。小学时候跟我女儿一起玩的孩子，大多成了她的铁哥们儿，至今一直保持着联系。

第四，鼓励孩子和小伙伴多接触。

由于经常和小朋友一起玩，女儿的人缘比较好，同学们有什么活动都爱叫上她。一个端午节的下午，我接到女儿从学校打来的电话，说她的好朋友端端过生日，邀请她去家里吃饭，晚上才能回家。因为那天不是周末，女儿第二天还要上学，又是过节，我正准备在家里做些好吃的，再加上端端家离我家还有一段距离，我晚上接女儿回来不太方便，于是我拒绝了女儿的请求。电话里传来女儿不太高兴的声音，但她还是答应回家。

女儿回家后没多久，端端就打来了电话，央求我把女儿送到她家。我告诉端端，女儿已经回家，我的饭也马上做好了。端端就求我："阿姨，您就让李若辰来吧，没有她我觉得没有意思。"听端端说得那么恳切，我最终决定把女儿送过去。女儿的情绪也变得很高涨，欢天喜地去了端端家。

因为我们给女儿提供了很多跟小朋友接触的机会，女儿也锻炼了交往和组织能力。在她小学低年级的时候，如果周末有活动，都是由我来联系家长确定游玩的内容和地点，后来就变成了女儿直接给同学打电话，组织同学们进行活动。在学校里，女儿也积极协助老师举办各类活动，被老师称为"好帮手"。

我记得女儿上中学后的一个暑假，她的小学同学想聚聚。本来是由另外一个同学组织，结果迟迟不能确定聚会的时间和地点，也没有通知同学们。女儿当机立断，主动帮助那个同学，两人相互配合，很快就敲定了聚会的相关事项，用了不到两个小时就把所有同学都通知到了，那次聚会也办得非常成功。

现在的孩子与同龄人交往的机会有限，尤其是城市家庭，独生子女居多，楼房住宅结构又很独特，回到家关起门来，孩子们面对的就只有父母，但亲情无论如何都代替不了同伴之间的感情。同龄伙伴之间的交往更加平等，而且孩子们的性格各不相同，在与伙伴打交道的过程中，也能让他们认识到自己与他人的区别，从而学会区分好坏、美丑等概念，形成基本的个性特征，也有助于培养孩子尊重自己、尊重别人、相互协作、相互服务的良好品德。

总而言之，孩子的人际关系和学习成绩同等重要，和小伙伴一起玩耍，锻炼的是孩子的综合能力。只要家长有这个意识，想办法让孩子多跟小伙伴在一起，一定有助于孩子的成长。

提前定计划，高效利用时间

帮助孩子提前制订计划来安排学习，有很多好处。

首先，有计划地安排学习任务，按部就班地依计划做事，孩子就不会慌张，而且在每一次完成计划后，都会有满足感和成就感。

其次，完成一个又一个计划，相当于完成一个又一个目标，会让孩子更有自信。如果我们把孩子日后的高考或者人生当作一个大目标的话，他每完成一个目标，就离大目标更近一步。每一个小目标都完成了，大目标自然就水到渠成。

最后，让孩子不知不觉中建立时间观念，成为一个合理安排学习、生活和工作的人。这个习惯会伴随孩子一生，让他受益终身。

我们到底该怎么帮助孩子制订计划呢？

第一，家长要做好榜样，影响孩子。

我女儿就是很有计划性的孩子，她之所以能很好地坚持下来，就是我们做父母的对她产生了积极的影响。女儿上小学时，我会引导她有序地做事，比如晚上写作业之前，我会跟她一起讨论写各科作业的先后顺序和所用的时间。通常数学花的时间相对长一点，所以我们就商量先写数学。我会引导她：写数学作业要用多长时间？从几点到几点？同样地，我也会跟她讨论语文和英语作业各用多长时间。

随着女儿的成长，她开始自己安排自己的事情。上中学后，功课多了起来。她每天写作业之前都会先列出计划，先写哪科后写哪科，用时多久，都要先在记事本上列出来。高中以后，制订计划的作用就凸显出来了。高三的功课多，特别需要有计划地学习。那时候，她会制订月复习计划、周复习计划，一天的行动也要先列出计划。高三那一年，只有周日一天不用去学校上课，可以在家复习。那么这一天需要完成哪些事，头天晚上她都会写下来。比如早8：30到9：30要复习政治，休息10分钟以后，从9：40到10：40，复习语文的古诗。计划列得详细又具体。距离高考还有不到20天的时候，她还制订了一个非常周密的计划，并且在高考前一天把这些计划都完成了。当时她对我说:"妈妈,我把所有的计划都完成了,考成啥样,我都无怨无悔了。"

我教给女儿写作业前想好先做什么后做什么,这使她列计划时特别注意计划的具体性和可操作性。后来,她能在本子上先把计划写出来,其实是受她爸爸的影响。

我先生是一个计划性特别强的人。每年年初的时候,他会把一年要做的事情列一个计划,月初他也会列月计划。这些计划都会写在一个随身携带的本子上。每天他一进办公室,就先在本子上把当天要做的所有事情都列出来,包括给谁打电话,要去哪里办事等。每做完一件事情,就在清单上画一个对钩。这样做事效率就会很高,也不会漏掉该做的事情。

我女儿就是在某一次翻看爸爸的本子时,看到了爸爸的做法,才开始在她的记事本上添加做事前列计划这项内容的。所以说,如果你想让孩子成为一个做事有计划的人,不妨自己先成为那样的人。

第二,要评估孩子,根据孩子的实际情况,和孩子一起制订适合他的计划。

不同年龄段的孩子要制订不同的计划,即使是同一个年级的孩子,也要根据不同孩子的情况制订不同的计划。小学低年级的孩子，家长要观察孩子的学习情况，帮助孩子合理规划时间。我女儿小的时候，数学用的时间比较长，语文和英语每天花很短时间就搞定了，所以我就让她每天列计划时给数学时间多一点，英语和语文的时间少一点。孩子在计划的时间里完成了任务，就会体验到成就感和满足感。

为什么要强调家长和孩子一起制订计划呢？因为家长不能单方面制订出计划让孩子遵守，应该让孩子参与进来。家长可以跟孩子探讨：你做这个事情大概要用多长时间？你打算在哪里做？打算怎么做？……我甚至觉得家长可以让孩子一起来制订家庭计划，这能让孩子感觉到：这件事情不是针对我一个人的，不是只有我做事才需要提前制订计划，爸爸妈妈做事也是需要制订计划的。家长如此做，不是为了限制孩子，而是为了让孩子养成好习惯。

制订了学习计划后，过一段时间我们就要检验效果。我们看到孩子用这种方式效果非常好的时候，就要及时给予肯定："宝贝，你看现在按照计划来学习，你晚上睡得早了，学习成绩也逐渐在变好。你知道吗？这就叫坚持就是胜利！"及时去锚定效果。大一点的孩子，如果他真正能体验到列计划对他的学习是有帮助的，没准他自己就会主动去做这个事情了。我收到过一个家长的来信，说他的儿子第一次制订学习计划后，学习成绩有了大幅度提高，后来他就特别主动地提前列计划了。这样我们的目的就达到了，真正帮助孩子把这个方法运用到了他的生活和学习中。

第三，帮助孩子执行计划。

有的家长会问，孩子的计划定好了，要怎么帮助他更好地执行呢？可以用"正向强化法"。所谓"正向强化"，就是通过奖励的方式，使某种行为不断强化，逐渐成为一种习惯。通俗点说，就是让孩子在执行计划的时候得到心理上的满足。

比如，家长跟孩子商量，准备一个透明的玻璃瓶，再准备一些折叠幸运星的彩色纸条。孩子每按照计划做一天，就让他在纸条上写上对自己的欣赏，折成幸运星放进瓶子里。看到玻璃瓶里的幸运星越来越多，孩子感觉到他做得好的地方越来越多，内心便会越来越有满足感，就会更愿意去执行，慢慢地成为一种习惯。

在帮助孩子执行计划的时候，我不主张惩罚，那会让孩子体验到挫败感，引起孩子的逆反心理。家长可以让孩子在计划完成的时候，用自我肯定的方式多给自己赞美。如果哪一天没有做到，就让他用其他颜色的纸条，写下没有完成的原因，也折成幸运星星投进玻璃瓶里，形成对比，这对孩子也是一种鞭策。

在执行计划的过程中，有些孩子可能坚持不下来，比如那种性格比较乐天的孩子就不愿意坚持，偏偏这样的孩子尤其需要秩序和计划来帮助他定下心来。那么家长就要找到平衡点，在有些事情上鼓励他提前制订计划，比如学习、花钱等，那些玩耍或者创意性的工作，就由着孩子的性子去做，这样孩子就会变得既负责任又不被抑制天性。

孩子不是天生就愿意制订计划并按照计划做事的，家长早期参与帮助孩子养成这个习惯，孩子会受益无穷。

写好作文，在「写」之外下功夫

写文章要练"童子功"。我女儿上小学时文章写得就很好，语言生动流畅，感情也很丰富，大学读的是北京大学中文系。所以，常常有朋友问我是如何指导女儿写作文的，下面跟大家分享几点。

第一，丰富孩子的生活体验。

女儿上小学二年级时，老师就要求学生写简单的看图作文了。在家里，我也试着让她写日记。学校的作文由老师来管，有硬性要求。至于家里的日记，就随着她。我给她买了一个漂亮的小日记本，告诉她有感觉的时候一定要赶紧写下来，不然美好的感觉很快就会忘掉，要是没有感觉，也不用强求。

小学阶段，我其实并没有刻意指导过女儿写作文，我做得更多的是"用心而无痕"的事情。俗话说"巧妇难为无米之炊"，孩子没有丰富的生活体验，是写不出好文章的。所以，要想让孩子写出好文章来，得先让孩子的生活丰富多彩。如果把孩子写作文叫作"创作"的话，那么创作的灵感一定来源于生活。我女儿小时候，我们总是在课余时间带她出去玩，也允许她在家里饲养各种小动物，所以她的观察日记写得非常生动。

因为是她亲身经历的事情，体验非常深切，这些都能从字里行间感受到。有时候，女儿还会发明新词来表达自己的意思，比如"香息"——她在一篇文章中写道："空气中弥漫着秋的香息。"因为她觉得，其他词语都不如"香息"更能准确地描述她所体验到的感觉。

第二，让孩子多读书。

读书，通过别人的文字来打开认识世界的大门，不仅扩大了知识面，还积累了词汇量。"熟读唐诗三百首，不会作诗也会吟"，就是这个意思。读书多的孩子，就算照猫画虎也会写文章了。我这里说的读书，指的是大量的课外阅读。如果只注重每个学期语文课中的那些课文，就太有限了，远远不能满足孩子对阅读的渴望，更无助于写作能力的提升。孩子小的时候，家长不要限制孩子的读书范围，地理、历史、经典的文学作品都要读。通俗一点说，读书就是让孩子肚子里的"墨水"多一点，这样好文章才能从指间自然流淌出来。而且，这样的功夫在童年培养才是最有效的。

第三，不要给孩子的写作设限。

先让孩子写，哪怕是记流水账也可以，重要的是让孩子用文章来讲故事，在文章中表达自己的情感。我在指导女儿写文章时，就告诉她："心里想什么就写什么，发生了什么就写什么，不要被文法限制。"有一次她记录自己做的一个梦，洋洋洒洒写了一千多字。这样做的目的，是让孩子先有表达的欲望，然后再慢慢学习写作的技巧。

第四，家长也可以写"下水作文"，亲自给孩子做示范。

女儿上二年级的时候，书面表达能力非常有限，即使她想在日记里写下某天的游玩经历，把那股高兴劲儿记录下来，也常常会感到心有余而力不足。每当女儿写不下去的时候，我便会自告奋勇地帮她完成日记。有的时候，她很努力地写了一半，卡住了，我就接着写，帮她补充完整；有的时候，我先写，让她读我的日记寻找灵感，再组织自己的文字。

在她二年级的日记本里，有一篇就是我和她合写的，记录的是我俩周末在颐和园划船的经历。日记的前半部分是她写的，后半部分则是我写的。我的文字就直接写在她的文字后面，而不是写在别的地方再让她抄。因为日记是要交给老师看的，为避免老师产生误会，我在文后附上一段文字，告诉老师有一部分文字是我写的，并解释了原因。由于我和女儿的语文老师平时就有很好的沟通，老师不但没有因为我代写日记而批评女儿，还在女儿写的部分画了许多曲线，摘出她的好词好句予以表扬，最后还给了一个"优"的评价。

在这样的鼓舞下，女儿开始喜欢写日记了。遇到实在写不下去的时候，她也敢于向我求助，我也乐意帮忙，于是，她的日记本上偶尔会有我的笔迹。我的文字并不见得多么优美，但比一个二、三年级的孩子还是要强得多，孩子可以看到自己想要表达的意思在妈妈的笔下是如何自如呈现的，这是一个很好的学习过程。如今看来，这有些类似文字接龙的游戏，对保持孩子写作的兴趣非常有帮助。

有时候，老师布置的作文女儿写不出来，我就试着从我的角度写一篇，给她做参考。有一次，老师布置的作文是让孩子写自己的妈妈，女儿找不到头绪，有点儿发愁，回来就问我应该怎么写。我并没有直接告诉她如何写，而是亲自写了一篇题为《妈妈，请换个姿势睡》

的文章给她看。那篇文章写的是我的妈妈，为了顾全我们六个兄弟姐妹，很多年来她都用一种非常难受的姿势睡觉，后来我们长大了，妈妈却改不回舒适的睡觉姿势了。

女儿看了我写的文章后，便依葫芦画瓢地写了一篇，但是她的角度和我的完全不同。她写的是妈妈为她洗衣服的时候，一绺头发遮住了面孔，看上去非常憔悴，她很心疼妈妈。这篇文章写得很感人，情真意切，我读后差点儿掉眼泪。

现在想想，我和女儿一起写的那些文章，就是学校语文老师们经常写的示范文章，老师们把这样的示范文章叫作"下水作文"。家长指导孩子学写作文，就好比游泳教练教孩子学游泳一样，如果教练只站在岸上给孩子讲动作要领的话，孩子不见得能学会。要是教练能亲自下水，在水里把动作展示给孩子，孩子就能模仿教练的动作，很快学会游泳。

第五，让孩子写"口头作文"，先明白说话和写作是不同的，再逐步学习写作技巧。

孙瑞雪老师是"中国蒙台梭利教育第一人"，在她创办的学校里，小学一、二年级的孩子都是在家长的帮助下写作文的。

他们的做法是"孩子讲、家长写"——孩子给家长讲一件事情，或者口头描述一个人，家长要一字不差地把孩子讲的东西写下来；等孩子讲完、家长也写完以后，家长再给孩子朗读刚才两个人共同完成的作文，让孩子自己感觉一下是否需要修改；如果需要，就让孩子自己在原文的基础上修改。

之所以先让家长写，是因为一、二年级的孩子还有许多字不会写，文字表达能力也不够强。在这个过程中，家长只是助手，不给孩子任何建议，而是充分调动孩子的想象力和创造力，"写"出完全属于孩子自己的真实的作文。这样"写"一段时间后，孩子再脱离家长，自己去写作文。

孙老师说，学校里的孩子写出来的作文都情真意切，生动感人。"口头作文"是帮助孩子学习写作的极好方法，家长们不妨一试。

总的来说，帮助孩子学习写作文的功夫要下在"写"之外。家长需要从生活、读书、示范等各个方面下功夫，帮助孩子提高写作水平。

学好数学，兴趣是最好的老师

我们都知道，在孩子的中小学阶段，数学是一门非常重要的学科。全国大部分地区，中考数学满分120分，高考数学满分150分，如果孩子数学学不好，会严重拖总成绩的后腿。即使抛去这种功利的想法，数学也是一门非常有用的学科。家长要想帮助孩子学好数学，一方面要培养孩子对数学的兴趣，另一方面还要教给孩子掌握数学学习的方法。

那我们具体要怎么做呢？

第一，在生活中完成数学的启蒙学习。

我们把孩子送去学习，最根本的目的是希望他拥有生活的能力，而数学正是一门能有效解决生活问题的学科。所以，家长应该多创造机会，让孩子在生活中接触数学，运用数学知识解决实际问题。比如，妈妈可以准备一个家庭记账本，让孩子帮忙记录、整理家庭账务。每天花几分钟的时间，家人把当天的花销报一下，让孩子记下来，到月底再让孩子统计。在整理家庭账务的过程中，孩子就会明白哪些开销是必要的、哪些是不必要的。这种方法不仅让孩子运用了数学，还能帮助他学会理财。人的心理是很有趣的，所做的事情有实际意义才会愿意去做。所学的知识能够用得上，孩子才会有兴趣学习更多。

教育专家尹建莉为了帮助她女儿学习数学，就在家里开起了模拟小卖部，让女儿做店铺老板。爸爸妈妈每天从小卖部购买东西，女儿认真计算收入，不知不觉就用上了数学知识。这种有趣的方法，家长也可以尝试。

第二，通过数学活动，让孩子了解数学的含义。

通常大家都认为数学是一门枯燥的学科，实际上，孩子一旦理解了数学概念中包含的规律，学起来就会容易很多。

有个朋友跟我说，他上小学一、二年级的时候，一直不懂减法是怎么回事。直到三年级的一天，他突然领悟：减法原来就是把一部分拿去。从此，他的数学就像开了窍一样，成绩也突飞猛进。这个例子说明了弄清楚数学概念的重要性。家长教孩子学习数学，要先想办法让孩子明白概念，然后再去做功课。

对于初学数学的小学生来说，形象直观的教具特别重要。有一个老师，他把卷纸当作教具，让学生在每一节卷纸中间写上数字1、2、3、4、5……然后把卷纸铺在地上，一节一节地按顺序铺好，让孩子明白数字的递增是怎么回事。这样的做法，在大人看来也许很没意思，但是对孩子来说，既有趣，又可以启发思维。类似的活动，家长也可以在家里做。

再比如，孩子学几何的时候，家长可以通过做手工道具，让孩子理解物体的形状，以及图形和图形之间的关系。举个例子，"长方形的面积=长×宽"，这个孩子容易理解，但为什么"平行四边形的面积=底×高"呢？如果孩子不懂，家长可以把长方形的一个角剪下来，补到另外一边，这样孩子就能看明白了：哦，平行四边形其实是长方形的变形啊！

制作小房子、小盒子，都有助于孩子直观地理解图形和物体，这样求面积、求体积的时候，孩子就更容易理解了。这些做法或许会给家长添麻烦，但的确能帮助孩子更好地理解数学概念，"知其然，更知其所以然"，这样学起来就不会感觉枯燥了。

另外，阅读优质的少儿数学读物也可以帮助孩子理解数学概念。目前市面上像《汉声数学图画书》《可怕的科学·经典数学系列》等，都是非常好的数学启蒙读物，建议家长买来和孩子一起阅读。

第三，通过基础的计算训练，帮助孩子提高计算能力。

江苏有一位妈妈，大家都叫她双子姐姐。她在帮助女儿学数学的过程中发现：20以内的加减法虽然很简单，却对孩子的计算能力和做题速度有很大影响。因为无论多大的孩子学数学，最后都要到计算得数这一步，如果20以内的加减法不熟练，便会影响计算的速度和正确率。所以，双子姐姐制作了一套卡片，把20以内的数字全部打印到卡片上，双手举起两张卡片，让女儿看着数字计算相加或相减的得数。每天翻卡练习，这样训练了半年的时间，她的女儿对20以内的加减法倒背如流，计算的时候就很少出错了。

有些家长可能会觉得应试教育不好，但是，孩子若不通过考试选拔，又怎么能进入高一级的学校深造呢？所以，我们不妨主动去适应考试制度，教孩子用合适的方法来应对考试。

计算能力是"童子功"。如果孩子熟练掌握计算法则，看到两个数字就能脱口而出得数，那么到了高年级的时候，他就不会因为粗心而算错了。这其实跟小学生每天都要做的速算练习有异曲同工之妙。我觉得，小学的速算可以让孩子一直坚持到四、五年级，以帮助孩子保持计算的准确率和速度。

第四，帮助孩子提高理解能力。

做家长的都知道，数学应用题只有理解题意，才能正确解题。如果题意理解错了，解题也就无从谈起了。所以，孩子刚开始接触应用题的时候，家长要在理解题意上多下功夫。

家长在辅导的时候，要先判断孩子是不是真的理解了题意，然后再带领他继续往下走。如果孩子理解起来有困难，家长要耐心地结合生活中的现象做解释。比如行程问题，家长不妨领着孩子走一走，让他明白"相向而行""追及"是什么意思。

如果孩子总是理解不了题意，很可能跟语文识字量不够，或者阅读理解能力不达标有关。那么家长就要从语文学习上想办法，或者耐心等一等。事实上，很多孩子的语文水平跟上以后，数学应用题的理解问题也迎刃而解。

最后我想说，有的孩子上了中学以后，数学成绩依然比较差，这可能是由于长期数学成绩不好，孩子有了畏难情绪，失去了学好数学的信心，或者是没有掌握学习数学的方法。另一方面，中学的数学比较难，通常家长辅导不了，还有的孩子产生逆反心理，不让家长辅导。所以我建议，中学生的家长要想帮助孩子，可以和孩子商量，去找适合的老师补课，进行个别辅导，效果也许会更好。

如果孩子害怕数学，没有信心学好，那么家长先别急着让孩子提高成绩，要先树立信心。哪怕孩子取得一点进步，家长也要及时给予认可和肯定。慢慢地，等孩子的信心树立起来，成绩自然就会提高。我女儿刚上高中的时候，数学考试时不时会落到倒数几名，后来在一位老师的鼓励下，女儿一点点进步，到高考的时候，数学分数甚至超过了语文和英语。

对于没有掌握方法的孩子，要从基础知识抓起，切忌从难题开始辅导，打击孩子的信心。有的孩子别的科目都不错，就是数学不好，这时候特别需要家长保持一颗平常心，不逼迫孩子。数学不好，并不代表孩子不好。成才的路千万条，孩子在别的方面有特长，日后也能成为卓越的人才。事实上，我们大人都是这么过来的。据说著名文学家、翻译家钱锺书先生的数学就很差，但这并不妨碍他在文坛取得辉煌的成就。因此，接受孩子的差异性和独特性，也是家长的功课。

四个方法，帮孩子成为英语达人

在学习这件事情上，有的孩子只要跟着学校老师的节奏就能学好，但更多的孩子需要家长的帮助。如果家长的指导方法得当，孩子就会如虎添翼，学得更轻松、更优秀。

我女儿上中小学的时候，在英语这门课上花费的时间最少，学得也最轻松，成绩却是最好的。经常有家长向我请教怎么辅导孩子学英语，下面我就把自己陪伴女儿学英语的四个方法分享给大家。

第一，培养每天听英语的习惯，锻炼听说能力。

我女儿是从小学一年级开始学英语的。从小学一年级一直到高三毕业，每个学期学校发的英语课本都有配套的磁带。所以，我每天都会让女儿听磁带。具体是怎么做的呢？就是每天晚上她一上床，我就打开录音机，给她播放磁带。

这个做法，我是受了女儿小时候听故事的经验启发。从女儿三岁开始，我只要有空就会给她读书、讲故事。除此之外，我还买了当时市面上出售的故事磁带，实在忙不过来的时候，我就让女儿一边玩耍，一边听磁带。听了一段时间以后，我发现女儿能把听过的很多故事一字不差地复述下来，有声有色地讲给小朋友们听。

所以，当女儿开始学英语时，我就在想：这个听故事的办法可不可以复制到听英语上呢？抱着试试看的心态，我每天晚上给女儿播放磁带，磁带分A、B面，一面正好半小时，半小时后，磁带放完了，女儿也睡着了。有时候，一面还没听完，女儿就迷迷糊糊睡着了，我也不在意，第二天晚上再翻过另一面让她听。也许是英语磁带并不吸引人，她完全不像小时候听故事那样兴奋，但是收到了和听故事同样的效果。听了一段时间后，女儿就把英语课文都背熟了。而且，她模仿声音的能力很强，发音几乎和磁带里一模一样。每天上英语课，女儿可以很轻松地跟上老师的节奏，听力和发音也经常得到老师的夸奖。

在周围的小朋友周末都忙着上各种英语课外班的时候，女儿就这样跟着学校老师正常学习，晚上听磁带练听力和口语，没有参加任何课外班。

现在的英语学习资料五花八门，磁带已经不多见了，家长可以让孩子听相关平台的音频，媒介虽然不同，但功效是一样的。

第二，总结规律，帮助孩子快速记单词。

一、二年级的时候，老师只让学生练习口语和听力，没有让他们记单词。这其实是遵循了语言学习的规律。

我们都知道学习母语的过程，孩子在没有发展出语言能力之前，都是在听别人说话。神奇的是，许多孩子一开始说话就语出惊人。比如一个三岁小孩，虽然不认字，也不会写字，但基本上已经掌握了一门语言。事实上，孩子在不会说话之时已经听会了许多语句，所以后来才能从嘴里说出来。学习英语先从听开始，然后说，最后再到读和写，这个顺序是合理的。

我女儿上三年级后，老师开始让学生记单词。一天，女儿回来告诉我，老师让默写单词，她只写出五个，挨了批评。当时我并没有太在意，只是安慰她说"下次会好的"。然而，下次老师听写时，她记住的单词依然很少，回来告诉我的时候明显很沮丧，差一点就哭了。

于是我翻开女儿的课本，发现从一年级到三年级，其实总共没学多少单词。我想了一个办法：把所有的单词按照发音规则分别列出来，比如"book, look, school" "bed, get, set"。辅音也是如此，字母b、p、t等分别发什么音，也列出来。这样列出来以后，我就跟女儿一起读，并告诉她："英语单词的发音一般都是有规则的，相同的字母或者字母组合的发音也基本相同，只有个别会发不同的音。"

我告诉她根据这样的规则，以后看到一个单词，差不多就可以读出来了；听到一个单词，也差不多可以写出来。几次过后，女儿就知道该如何记单词了。从此，我再也没有听到她回来唠叨不会默写单词的事情。

这个方法，其实就是现在流行的"自然拼读法"。记忆英语单词，积累词汇量非常重要，家长应该在这方面多帮助孩子。

第三，和孩子一起看英语原版电影，提高英语表达能力。

女儿上四年级的时候，班里来了位从新加坡回国的小女孩，她们很快就成了好朋友。因为新加坡的官方语言是英语，那个小女孩之前又是在新加坡的教会学校上学，所以英语非常棒。后来我从小女孩妈妈的口中了解到，她为了给女儿营造好的英语环境，特意买了许多英语原版的电影光碟，让女儿有空就看。她建议我也试试这个方法，帮女儿加强英语学习。

那时候网络不像现在这么发达，有空的时候，我就带女儿去淘电影光盘。通常，每周五晚上，我和先生都会陪女儿看英语电影。当时女儿的词汇量并不大，却能连蒙带猜地看懂电影；我听力不行，只能看英语字幕，勉强明白电影内容；先生则听我们断断续续地给他翻译。那个阶段，我们一家三口看了不少电影院里看不到的"大片"。

电影对白非常口语化，而且发音纯正，语速也比课本配套的磁带要快得多。女儿看了一段时间电影后，出门看到外国朋友就可以直接对话了。

女儿养成看电影的习惯以后，我们就不用管了。初中三年，她每周都会看一部电影，只不过再也不用占着电视机了，而是下载到电脑里，利用周末时间看。这样一来，先生也可以放松地看自己的电视，再也不用为听不懂而焦急了。

高中以后，女儿改成了在线看美剧，说是不少同学都在看，要随时和同学交流。用她的话说，这样既放松，又可以学英语。

多看英语原版电影对孩子的口语和听力帮助都非常大。最重要的是，这种轻松的学习方法，孩子很容易接受，不用家长苦口婆心地劝说。

第四，引导孩子阅读英语原版书籍，提高阅读能力。

阅读英语原版书籍也是非常好的英语学习方法。我女儿小时候，市面上有趣的英语原版书特别少，所以在小学阶段，她基本上没读过什么英语书。一直到初中的时候，我才试着给她买了《哈利·波特》系列。上高中以后，她就开始自己在网上购买当时流行的英语小说了，看完后还会写读书笔记，她自己感觉效果特别好，无论是对词汇量的积累，还是对英语考试的阅读题，帮助都非常大。

现在市面上给孩子读的英语原版书籍很多。就像带领孩子读中文书籍一样，在孩子小一点的时候，家长可以带着他先从图文并茂的绘本开始，再慢慢过渡到词汇量比较大的书，让孩子由易到难，逐步学会自己阅读英语书。如果家长觉得培养阅读习惯有困难，也可以借助外面的资源来帮助孩子。

孩子在成长过程中一定会遇到困难，包括学习上的困难和生活上的困难，这是不可避免的。那么，当孩子遇到困难的时候，家长的帮助就是对孩子最大的支持。最重要的是，在孩子遇到困难的时候，家长能够重视，并愿意寻找办法帮助孩子。

教育孩子讲究"授人以渔"，这个"渔"的意思是：我们要通过教给孩子好的学习方法来支持他。上文提到的英语学习方法，家长不妨在自己孩子身上试一试，一定可以帮到孩子。

三个本子，让复习事半功倍

复习功课是学习中很重要的一个环节，学过的知识如果不及时复习，很快就会忘记。所以，家长帮助孩子养成复习功课的好习惯，对孩子的学习非常有益。根据我辅导女儿复习的经验，我建议家长为孩子准备三个本子。这三个本子都跟复习功课相关，可以帮助孩子在复习功课时达到事半功倍的效果。

第一个本子，课堂笔记本。

我们知道，一堂课只有45分钟，老师为了让学生能清晰有效地掌握知识点，一般会在黑板上写板书，或者用PPT播放要点。孩子通过记笔记，可以将老师总结的重点、难点记录下来，养成高效的听讲习惯，在复习时也会更轻松。因为孩子在回顾笔记的过程中，可以更直观地回忆起当时上课的情景，更好地理解和巩固知识点。

我女儿上中学的时候，每天回家都会"补笔记"——写作业前先看当天的笔记，根据记忆把课堂上没有记全的笔记补全。这个补笔记的过程，本身就是一次非常好的复习，相当于把课堂笔记当作复习工具，比看课本复习的效率更高。

第二个本子，错题本。

孩子平时做作业、做卷子，难免会做错题，家长可以引导孩子准备各科的错题本，把每天做错的题和不会做的题都写在错题本上，分析做错或不会做的原因，并把正确答案和解题思路写在题目下面。错题本的好处在于把没有掌握的知识点整理到一起，这也是一个复习巩固的过程。平时写错的题目，要么是难题，要么是容易出错的题，考试前翻翻错题本，就等于把之前没有掌握的知识复习了一遍。

第三个本子，口袋笔记本。

家长可以给孩子准备一个精致的笔记本，不要太大，巴掌般大小就可以了，放在书包或者口袋里都很方便。因为本子比较小，携带方便，孩子可以有空就拿出来看看，起到"随看随学"的效果，对于复习语言类学科，比如英语、语文等非常有效。拿英语来说，要想学好英语，积累词汇量是必需的。孩子在等车间隙或者课间，拿出本子随时翻看，是很有好处的。口袋笔记本里也可以写上语文课的背诵要点、必须掌握的古诗词等，方便随时复习。当然，孩子还可以在本子上记录自己的所见所闻，积累写作素材。我女儿的口袋笔记本就是综合使用，又记事，又列计划，平时不好记的单词、古诗词等也会抄在上面。

有了这三个本子，家长还要注意引导孩子掌握复习方法。

第一，及时复习。

德国心理学家赫尔曼·艾宾浩斯在对大脑遗忘规律的研究中发现，遗忘在学习之后立即就会开始，而且遗忘的进程不是均匀的——最初遗忘的速度很快，以后会逐渐变缓，这就是著名的"艾宾浩斯遗忘曲线"。根据这个理论，最有利于孩子的复习方法就是及时复习，以及经常复习加强记忆。

我女儿小时候，每天写作业之前，我都会提醒她先复习一下当天老师讲过的内容。这样做，不仅及时复习了当天的功课，还能提高写作业的效率。

对于低年级的孩子，家长可以用提问的方式问孩子：今天数学课都学了什么？语文老师讲到哪里了？……等孩子回答后，再进一步询问。比如孩子说："学了几道加法。"父母就可以追问："是几加几啊，讲给妈妈听好吗？"如果孩子想不起来了，就鼓励他回去看看书，把内容重新复习一遍。孩子逐渐养成复习的习惯后，到了高年级，就可以自己借助课堂笔记来及时复习，加深记忆了。

第二，用思维导图进行阶段性复习。

女儿刚上初一的时候，有一次我去中关村图书大厦买书，偶然发现一套跟女儿课本配套的练习册，便买回家了。我并没有让女儿去做里面的练习，而是看中了书里的"单元小结"——用树状结构，把一个单元里所有的知识点都列出来。这种方式让我眼前一亮，按照这种方式梳理知识点，一定能达到很好的复习效果。

我第一次引导女儿使用这种方式，是针对她的英语学习。女儿对英语最感兴趣，学得也好，于是我便从她最喜欢的这一科入手。当她学完一单元后，我引导她只看"单元小结"里的知识点，检视一下哪些已经掌握了，哪些还不太明白。已经掌握的，就跳过；还不明白或者模棱两可的知识点，要么针对性地回去看课本，要么向老师、同学请教。女儿用了这个方法后觉得很好，便推而广之用到了语文、数学等学科上。中学期间，甚至高考前，女儿一直都在用"单元小结"来巩固所学知识。

后来我发现，这种树状的"单元小结"跟现在流行的思维导图很相似，只不过后者要亲自画出树状的内容结构图，看起来更丰富、更漂亮一些。

思维导图又称"脑图"，是一种图像式的思维工具，被广泛应用于记忆、学习、思考等思维活动中，有利于大脑扩散思维的展开。思维导图已经在全球范围内得到推广，有的国家还将思维导图列为小学生的必修科目。

家长可以自学思维导图，教给孩子，帮助他通过画图的方式来复习功课。因为是画图形，孩子可能更感兴趣，对记忆和巩固知识点也更有效。每个单元结束，或者每学期结束，家长都可以引导孩子用思维导图的方式，把一单元或者一学期的知识点画出来。

当然，除了思维导图，复习的时候也可以利用课本前面的目录，对照目录，看看哪部分内容掌握了，哪部分还没有掌握。目录和思维导图，本质上是一样的。

俗话说"温故而知新"，除了每天做好当日的功课，适时的"温故"也是一种好习惯。"温故"的办法很多，当日复习、单元复习、学期复习都不可忽视，这些都是学习的基本条件。

第三，认真对待每一张试卷。

这个方法非常适合初三和高三的学生。这两个阶段的学生会有大量的考试，每一次考试都可以说是中考或者高考的练兵，尤其到了最后阶段，老师让学生做的每一套试卷都会覆盖中考或者高考的知识点。为了让学生适应大考，老师还会在试卷里加入大量的历年中考或者高考真题。

因此，孩子无论是参加考试，还是考试结束后，只要认真对待做过的每一套试卷，把其中不会做的和做错的题弄清楚，最后就能做到融会贯通。认真分析和研究真题，不仅能很好地掌握所学知识，还有一个好处，那就是孩子会不自觉地发现出题规律，并通过自己的总结，掌握考试技巧。如此训练久了，他就能很好地把握考场上的做题速度，合理安排各个题目占用的时间，不至于出现做不完题的情况。

对于将要参加考试的孩子来说，认真对待每次的试卷，是个不错的复习方法。把前一次考试当作后一次考试的前车之鉴，认真分析总结，扬长补短，下一次考试必然会有进步。

三个本子、三个方法，希望可以帮助孩子们有效地复习巩固所学的知识，不只是考试取得好成绩，人生的储备也越来越丰满。

面对孩子的错题，家长怎么办

很多家长在我的微信公众号留言，说孩子总是做错题，让人十分恼火，问我该怎么办。我想说的是，无论是平日写作业还是考试，出错太正常不过了。孩子正是因为不懂才学习的，写作业或考试是学习的一部分，是用来检验学习情况的手段。出错，说明孩子还有知识点没掌握好，只要及时纠正，孩子就会学得越来越多、越来越好，这才是王道。

那么，怎么帮助孩子纠正错题呢？给大家介绍四个方法。

第一，准备错题本，把每次做错的题目整理出来，再次复习。

女儿上小学的时候，我和先生在报纸上看到一篇文章，是一位高考状元介绍自己的学习经验。这个状元说，错题本对他学习成绩的提高很有帮助，能起到事半功倍的作用。平时，他会把写作业或者考试时出错的题目都整理在一个错题本上，包括原题、答案以及解题思路等。每次考试前，他都会重点翻看错题本，因为那些错题正是自己平时学习的薄弱环节。

于是，我们也建议女儿准备错题本，每天把做错的题目整理到错题本上。起初，女儿很听话，为语文、数学、英语各科都准备了一个错题本，不过整理了一段时间之后，她就不干了。她觉得把错误改过来就行了，重新整理到错题本上太麻烦了，没有意义。无论我和先生怎么说，倔脾气的女儿都不愿意再做这个工作了。一直到初中，女儿都没有再用过错题本。不过上了高中以后，她倒是自己主动准备了错题本，认真整理每科的错题，还分了易错题和难题，每道题都分析犯错的原因，再进行改正。我翻看错题本时发现，女儿在整理和复习错题本的时候，还用不同颜色的笔标注出重点来。我问她错题本的效果如何，她也觉得这个方法让自己受益匪浅。

女儿在小学期间虽然采纳了准备错题本的建议，却没有坚持下来。当时，我和先生并没有坚持督促女儿，因为我们觉得：家长提出的建议，孩子用不用，还得他自己说了算，家长要尊重孩子。如果不能从中尝到甜头，孩子肯定不愿意付出时间和精力去做某件事。女儿高中时能重新准备错题本，说明错题本的方法还是有效的，对她有很大帮助。

所以，家长帮助孩子准备错题本时，要先让他看到这个方法带来的好处，然后再鼓励他坚持。随时用错题本整理错误，孩子出错的概率就会越来越小，学习成绩也会有不同程度的提高。

第二，孩子重复犯错，家长要"用心而无痕"地帮他纠正。

女儿小学时不用错题本，结果也并不像她说的"把错误改过来就行了"，下次她可能还会犯。有一阵子，我发现她总是重复犯同样的错误，上一次作业中做错了，改正了，下一次碰到类似的题目，她依然会在同样的地方做错，而且自己浑然不觉。当我指出这个错误，并提起上次的问题时，她才恍然大悟，觉得自己"本来应该会的，这次是粗心大意了"。实际上，在同一类问题上重复犯错，是基础知识学得不扎实的表现，并不是所谓的"粗心大意"。

我印象最深的一件事，是女儿小学六年级结束的那个暑假，她要准备初中的分班考试，我从网上找了一些小升初的练习题，打印下来让她做。每次她做完后，我都会批阅检查，结果发现她在英语作业中几乎每次都犯同一个错误——只要遇到一个句子的时态为一般现在时、主语为第三人称单数时，她都忘记在动词原形后面加"s"或者"es"。这说明她还没有掌握这部分知识。于是，我想了一个办法，从网上搜一套另外的试卷，把她总犯错的题目混进试卷中，让她再做。一开始，一模一样的题目，她依然出错。我只告诉她正确答案是什么，让她改过来，并不告诉她这道题之前已经做过了。过一段时间，我再出一套卷子，还是把这道题混进去。三番五次过后，她才发现卷子中有同样的题目，且是她曾经做错过的。她也会问我："卷子里怎么有同样的题目啊？"但她没有发现这是妈妈特意混进去的。这样反复训练几次，她才真正记住了这个知识点，从而彻底把类似的问题解决了。

一道错题反复做，这就是我所谓"用心而无痕"的做法。把错题夹在新试卷里，孩子起初并无觉察，因此没有抵触心理，而且也会毫无戒备地按照自己的思路去解题，从而暴露出漏洞。这样的做法，比起让孩子把一道错题反复写许多遍，效果要好。因为后一种做法只会在短时间内使孩子形成思维定式，过一段时间之后，他可能还是会犯错，并不能达到查漏补缺的最佳效果。更重要的是，把错题反复写许多遍，会让孩子产生被惩罚的感觉，容易引起他的抵触情绪。即使他不再犯错，但是自尊心受到了冲击，也是得不偿失的。这种伤害表面看不到，却会在孩子心里埋下负面的种子，对他的成长非常不利。

第三，引导孩子认真对待每一套考卷上的错题。

上了中学以后，尤其是高中阶段，女儿不仅自觉准备了错题本，还认真对待每一套考卷上的错题，把错题当作突破口，反复练习。到了高三阶段，因为有大量的复习任务，女儿来不及把所有错题都整理到错题本上，便改成用颜色醒目的笔标出错题来，在卷子上直接修改，然后把卷子一张不落地收拾整齐，装在文件袋里。到考试前，她会专门抽出时间，重新过一遍以往卷子上标注出来的错题，提醒自己哪些地方容易疏忽、哪条思路容易遗忘。据女儿说，这种方法效果非常不错，可谓事半功倍。因为每次考试出错的地方，很可能就是掌握得不好的地方，考前重点复习这部分内容，的确是一个省事又有针对性的好办法。

第四，有些错误家长可以忽略，等待孩子自己修正。

也许有的家长不理解为什么要这么做。我想说的是，有些错误是由于孩子能力不够导致的，等过一段时间他的能力发展好了,自然就不会再犯了。我们不妨回想一下自己小时候的学习经历,语文课上有些不认识的字或者不会写的词,过了一阵子自然就会了,甚至连自己都说不清是怎么学会的。

我女儿小时候学习拼音的时候,有些字母就是分不清,我怎么教都教不会,后来我就不再管她了,等她自己明白。到了三年级的时候,她自己就能分清了。学习这东西,有时候需要开窍,孩子一旦开窍了,你挡都挡不住。没有孩子想犯错,只是因为在当时以为自己是对的。随着时间的推移,当他看到别人都是不同的做法时,他自己就会改过来了。这就像我们自己有时候会读错某个汉字,但是当我们发现其他人的读法都与自己不同时,我们自然就跟着改过来了。

家长没必要总是纠正孩子的错误,不妨给孩子一些时间,让他自己发现错误并改正,这样反而有助于培养他独立解决问题的能力,不会事事依赖大人。

人非圣贤,孰能无过。家长应该允许孩子犯错,把孩子学习上犯的错和他这个人分开。当孩子犯错的时候,不要着急、打骂或者责备孩子,而是要教孩子如何对待错误,帮助孩子最终学会知识。

第三章

这么学习
不费力

帮助孩子成为记忆高手

前几天,我和一位从事教育培训多年的朋友聊天,他说自己以前是教儿童快速记忆法的,也就是所谓的"拍照记忆法"。虽然这类课程在早教市场很吃香,但他现在坚决不教了。问及原因,他说:"我做了父亲以后才明白,真正的教育没有捷径可走。所谓快速记忆,目的只是暂时提高孩子的考试成绩,对孩子的学习和成长实则没有太大帮助。"这位爸爸所说的"真正的教育",是指孩子学到了知识,而不是囫囵吞枣地记住考试内容。

我非常认同这种观点。我女儿上高中的时候,我家订阅了一份报纸,上面有很多关于快速记忆法的广告。有一次,我抱着试试看的心态,带女儿试听了一次。试听结束后,我和女儿都觉得那些方法纯粹是为了记忆而记忆,女儿表示她更喜欢自己平时记东西的方法。

如果不用死记硬背的机械式记忆法,家长该怎么帮助孩子记住所学的知识呢?

第一,及时复习法。

学过的知识,如果不及时复习,很快就会忘记。心理学家赫尔曼·艾宾浩斯研究遗忘规律时发现,大脑遗忘的速度很快:学到的知识若不复习,一小时后,就只剩下原来的44%;一天后,只剩下33%;六天后,只剩下25%。所以,及时复习是防止遗忘的根本方法。孩子学到的知识,一定要在当日复习,才能保障记忆。老师之所以每天布置课后作业,就是要帮助孩子记住当天的学习内容。在复习时,家长可以让孩子把老师讲过的内容用自己的话复述一遍。这么做的目的在于检查孩子是不是理解透彻了,把复习和记忆结合起来。这种方法适合各个年龄段的孩子。对小学生来说,他们好为人师,家长正好可以利用孩子的这种心理,真诚地请孩子把学过的内容讲给家人听,他读过的书、身边发生的事情等,都可以讲。我女儿上小学的时候,我们家有一面大镜子,我和先生就让女儿把镜子当作黑板,把当天老师讲的古诗写在镜子上,再给我们讲讲诗句的意思。对于孩子的讲述,家长如果有听不明白的,或者觉得孩子讲得不对的地方,可以向孩子提问,启发孩子再思考,这样就把学习和记忆知识跟孩子的兴趣结合起来了。上高中时,女儿为了考托福,阅读英文原版书,每次老师都让她把读过的内容用英语复述出来,以此来提高词汇量和英语会话能力。

第二,联系记忆法。

简单来说,就是通过图形来帮助记忆。比如生物、地理知识,就非常适合图形记忆。女儿在学习地理的时候,我教她一定要好好利用地图册,无论哪方面的地理知识,都要翻开地图册来查一查、找一找。举个例子,为了帮孩子记忆中国不同地区的气候特点,家长可以打开中国地形图,结合不同的地形特点、经纬度等,来帮助孩子理解不同气候特点是如何形成的。如此联系起来,孩子对知识点理解透彻了,就很容易记住。再比如,记忆细胞的组成,家长和孩子可以看看课本上的细胞图片,或者自己手绘一幅细胞图片,标出细胞核、细胞膜的位置。亲手画图片,更能促进记忆,俗话说"眼过千遍,不如手过一遍"。除此之外,家长还可以尝试制作卡片来帮助孩子记忆。有位妈妈把中国每个省的形状都制作成卡片,拼成一张中国地图,孩子没事的时候就拼着玩,最后很轻松就把每个省的形状牢牢记在心里了。

我在中学当历史老师时，也教学生用联系法来记忆历史知识。我给这套方法起了个更形象的名字——纵横法。纵，就是按照编年来记忆某个知识点，比如要记住我国封建社会的农业发展情况，就让学生画一条编年线，标注出不同的朝代，然后在相应的朝代旁边写出当时的农业发展情况；横，就是同一年代不同的国家和地区发生了什么历史事件，或者某一方面的发展情况。比如1894年，中国发生了甲午战争，让学生想一想：同一年或者同一时期，欧洲国家又发生了什么事件呢？

联系记忆还可以通过情境来实现。比如，家长想让孩子记英语单词，就可以在家里的各种家具上都贴上对应的英语单词，孩子天天看，看多了也就记住了。

第三，关键词记忆法。

还记得那首古诗吗？"两个黄鹂鸣翠柳，一行白鹭上青天。窗含西岭千秋雪，门泊东吴万里船。"这首诗就可以用几个关键的数量词来帮助记忆——两个、一行、千秋、万里，记住了这几个关键词，也就记住了诗句。很多类似的古诗，我们都可以从中找一个关键词，通过关键词来联想诗句，这样就很容易记住。那么举一反三，要记住一段文字，也可以先从中挑出几个关键词，一想起这些关键词，就能基本知道这段文字大体的意思了。

第四，理解记忆法。

家长在教孩子学习，或者帮助孩子记忆的时候，要教孩子理解所学的知识。只有理解了所学的知识，才更容易记住也更能学到真正的知识，而非机械地把信息输入大脑，却不明白是怎么回事。这种情况下，家长就要在提高孩子的理解能力上下功夫了。后面会专门讲理解能力的问题，这里就不赘述了。

第五，思维导图法。

思维导图的本质也是图像记忆。人脑对图像的识别不仅信息量大，而且准确率高，这样就方便记忆和储存大量的信息，也给进一步联想打下了基础。我们脑子里记得最清楚的，通常是一幕幕场景，而不是一段段文字。即使回忆文字时，脑海中出现的也是成片的画面。思维导图正好顺应了人脑和图像更容易联系起来的特点。举个例子，当我们念"西瓜"这个词的时候，脑子里出现的其实是西瓜的形状。

思维导图可以帮助孩子更好地掌握所学知识点之间的联系。当学完一个单元，或者一个学期即将结束的时候，孩子一定学了很多内容，如果不理出头绪来，就会给记忆带来很大麻烦。这时候,思维导图就派上用场了。家长可以指导孩子,用思维导图把所学的内容按照大章、小节、知识点等,依次用漂亮的图表画出来,再把所学的内容填进图表里。通过这样的方法,孩子可以针对内容进行有条理的整理复习,也能很好地记下来。这就是典型的思维导图记忆法。

如今,关于思维导图的书籍、课程有很多,感兴趣的家长可以自学一下,然后把这个方法教给孩子。

其实,我觉得只要家长回顾一下自己上学时的情形,或者检视一下自己目前正在使用的学习方法,就会发现自己已经掌握了很多记忆诀窍,只是没有挖掘出来而已。那么现在正是时候,把你的秘密武器教给孩子,帮助孩子提升学习的效率和效果。

不管文理科，理解能力是核心

家长们都知道，从小学的考试开始，逢语文考试就会有阅读理解题，考的就是孩子的理解能力。就算孩子以后学理科，如果理解能力不够，也是会受影响的。也就是说，提高理解能力，对孩子获得知识、解决问题至关重要。说得再深一些，家长应该把理解能力当作孩子的核心能力来培养，因为理解能力不仅关乎孩子当下的学习和考试，还会影响他的一生。

我觉得家长可以尝试以下几种方法，来帮助孩子提高理解能力。

第一，让孩子多体验，通过体验来增强理解。

对于这一点，我自己深有体会。我女儿上小学一年级的时候，有一门课叫科学，课上讲到了叶子的形状。于是周末的时候，我就带着女儿去植物园，和她一起观察各种叶子。不同的树，叶子形状不同，颜色也不同；即使同一棵树的叶子，一年四季的长势也各不相同，什么时候发新叶、什么时候落叶等，背后都包含丰富的知识。家长只要让孩子观察体验，他自己就能发现很多问题，理解很多道理。比如，孩子会发现：原来银杏树的叶子是扇形的，枫树的叶子是爪形的……这些是外显的常识；在观察的过程中，孩子还会自然而然地明白，每一片叶子都是不同的，每一种植物都是独特的……这些是深刻的道理。我女儿小时候并没有上很多课外班，我们经常在课余时间带着她体验大自然的奥秘，她总是能在体验中明白很多道理。所以上中学的时候，女儿的生物学得非常轻松，因为课本里讲的很多内容，她已经在平日玩耍的过程中体验过了。

动手的体验对孩子来说也非常重要。我女儿小的时候，有一段时间对钟表特别好奇，先生就把家里的闹钟拆开，让女儿研究里面的三根指针是如何运转的。所以当中学物理课讲到这部分内容时，女儿早就明白是怎么一回事了。我认识一个男孩，他喜欢汽车，他爸爸有空就让他研究汽车的各个部分是如何运作的。这个孩子上中学的时候，关于力学的部分就学得容易得多。

对很多人来说，最有效的学习通常来自亲身体验。有时候孩子只听老师讲，可能不太清楚到底是怎么一回事，只有自己亲身体验过了，才容易理解。通常来讲，通过体验很好地理解了一样东西，便可能由此及彼，理解另一样东西。这个过程，就是理解能力提高的过程。

第二，多给孩子沟通交流的机会，通过互动来增强理解。

我曾经和清华大学一位睿智的老教授聊天。老教授说自己的父亲也是位学者，所以他小时候，家里常常会有一些名人来拜访，每次父亲跟这些人聊天时，就让他搬个小凳子坐在旁边听。他虽然并不参与大人的对话，但是听到了很多学校里听不到的东西。所以他上小学的时候，就懂得其他小朋友不懂的东西，看问题也比其他小朋友深刻得多，理解能力也超强。老教授说，自己很受益于当年聆听大人们的对话。当然，普通人家的孩子可能没有这样的机会，但有一点可以肯定：对孩子来说，大人的对话是很有意思的。毕竟孩子的思维和大人的思维不同，让孩子听大人之间的对话，可以开阔孩子的思维，学着从更多的视角去看问题，这其实就是理解能力的培养。

另外，家长也要多和孩子沟通交流，任何话题都可以和孩子交流。

孩子和家长交流的时候，往往会问很多问题，因为他的阅历和理解能力有限，总想知道得更多。孩子问问题时，家长要有耐心，不要表现出不耐烦。回答问题的时候，最好回答得全面一些，培养孩子的全局观。我记得女儿上小学高年级的时候，她看了一篇介绍《红楼梦》的文章，问了我很多相关问题，我把自己知道的都告诉了她，还鼓励她亲自读一读《红楼梦》。现在想想，那时候我应该再多找些相关的资料，跟女儿一起把《红楼梦》研究得更透一点。因为孩子的兴趣也是随时变化的，如果错失了一次机会，很可能就永远失去了。事实也确实如此，我女儿后来就再也没有跟我探讨过《红楼梦》的问题了。

当孩子谈论自己的看法时，哪怕你觉得他的观点很幼稚，也一定要认可孩子。同时，用提问的方式启发孩子的思维，锻炼他的洞察力，帮助他发现一个问题的更多可能性。在这个过程中，孩子积极思考和探究问题的能力会逐步提高。

有时候，家长甚至可以制造机会，让孩子和家长、他人进行辩论，以激发孩子的逻辑思维和思辨能力，提高孩子理解问题和解决问题的能力。

即使孩子的理解能力还不太强，家长也要多和孩子交流，让孩子对自己有信心，相信"只要努力，理解能力是可以提高的"。

第三，培养孩子读书的习惯，通过扩大知识面来增强理解能力。

孩子的理解能力通常跟他的知识储备息息相关。想要帮助孩子拥有渊博的知识，最有效同时也是孩子比较喜欢的方式之一就是多读书。绝大多数家长和老师的知识储备都很有限，往往满足不了孩子对知识的渴求，这时就可以借助书籍来帮助孩子。通过读书，孩子的知识储备多了，理解能力自然就提高了。

我女儿就是一个很好的例子，中学考试的语文阅读和英语阅读理解，她常常可以得高分，甚至满分，就是因为她有很好的阅读习惯。女儿小时候，我们不仅让她阅读经典名著，还订了很多报纸和杂志。报纸上会有很多新闻和热点事件、时评等，女儿读完这些内容，都会自己思考一番。所以考试的时候，如果碰到相关的阅读材料，她可以轻松地表达出自己的想法和感受。一直到现在，我都很欣赏女儿对问题的看法，这跟她从小读了很多书有密切关系。

一个朋友说，他儿子在中学时读了霍金的《时间简史》之后，看问题的视角一下子宽广了很多，也更愿意探究更多课本之外的知识。这从侧面说明了阅读使这个孩子的理解能力有了很大长进。

我们可以对照一下自己读书时的感受。拿我自己来说，每当我看到书中作者的想法跟自己相同时，就会对自己产生认同感；即使不认同作者的想法，我也会感觉自己的思路被拓宽了。孩子都是充满好奇心的，读书更能帮助他增强理解能力。

第四，反复练习。

有很多东西不是看一次，或者写一次就可以深刻理解的，需要反复练习。"书读百遍，其义自见"，说的就是这个道理。其实孩子就是通过反复练习来学习的，也是通过反复练习来锻炼自己的理解能力。几岁的小孩子看一本书常常是反复看，听故事也是反复听，每看一遍或听一遍，他的理解都会不同。在反复的过程中，理解能力便得到了提高。

家长要想让孩子对语言或概念有深刻的理解，就要引导孩子进行反复强化。学校老师一直做的，就是让孩子多写、多记、多说，在不断练习的过程中，孩子会对相同的内容产生不同的理解。这是对理解能力的无形锻炼。不过，家长要想一些有趣的方法，让孩子喜欢反复练习，才能达到学习的目的，而不至于让孩子感觉枯燥而失去兴趣。

总的来说，理解能力是分析问题的能力，是智力构成的一个重要因素。很多家长都很重视孩子的考试成绩,毕竟孩子只有通过考试,才能进入高一级的学校学习,考试能力跟孩子的前程息息相关。与考试能力相比,理解能力是一种更基础、更重要的学习能力,理解能力得到提高,考试能力自然也会随之提升。

专注力 = 正反馈 + 不干扰

很多家长觉得自己的孩子注意力不集中，做事时总是虎头蛇尾或者左顾右盼，导致效率很低，有时候晚上写作业会因此熬到很晚。是的，做事的时候如果不能专注，效率自然就会低，效果也不会好到哪里去。

家长要想帮助孩子提高专注力，该怎么做呢？

首先需要判断是什么原因造成孩子注意力不集中。如果是病理性的注意力障碍，比如多动症，或是先天性的听觉、视觉方面的问题，就要去专业机构，寻求专业人士的帮助。如果是非病理性的，家长可以从以下几个方面去做。

第一，去除强迫，让孩子获得满足感。

让我们回想一下自己的孩子在什么时候最专注，相信每位家长都可以想出很多孩子非常专注的画面。一个三四岁的孩子组装模型时，可以几个小时一动不动，甚至可以不吃不喝，专注地完成作品。

有一个特别喜欢物理的小男孩说："我每天都会查物理资料，或者做实验，因为我喜欢。沉浸在物理的世界里，我总是废寝忘食。"孩子可以如此专注，是因为热爱。在自己喜欢的事情上专注是人的天性，因为做喜欢的事情，人可以自然地体验到自我的存在感和生命的自在感。所以，在培养孩子的专注力时，家长要把心思花在培养孩子的兴趣上，比如让孩子通过看动漫来学习英语，通过旅行来接触大自然、学习人文知识，等等。

很多家长都明白兴趣的培养是有益的，实现起来却很难。尤其是培养孩子学习功课的兴趣，不但难培养，而且难维持。这是因为在学习过程中，孩子不可避免地会产生挫败感，挫败感多了，原来喜欢的事情也容易变得兴趣索然。

注意力不集中，有很大一部分原因来自心理压力，挫败感就是心理压力之一。学习本来应该是快乐的，因为这是帮助孩子长本事的事情。可你会发现很多孩子的学习是在家长的逼迫下进行的，而且孩子一出错，家长就带着情绪批评指责。长此以往，孩子体验到的学习就是痛苦的事情，一开始学习就连接到被监督、被责骂的感受，因而很难专注。所以，家长要想让孩子专注，首先要树立一种信念，允许孩子自己学习，也允许孩子在学习上犯错；当孩子犯错的时候，是协助改正，而不是责备。

在树立正确信念的基础上，家长可以通过一些方法来减弱和消除孩子的挫败感。

对小一点的孩子，比如小学低年级的小朋友，家长在安排孩子学习时，要注意时间不能太长，也不能要求孩子长时间做同一件事情，这些做法都会导致孩子注意力不集中。家长可以帮助孩子把难以坚持的事情进行分解，把"定时"改为"定量"，引导孩子分步完成。比如孩子上小学一、二年级时的数学作业，家长可以让孩子先完成老师留的速算作业，然后再完成其他的作业。如果孩子专心完成了第一项作业，家长一定要给予鼓励，表扬、拥抱或者亲吻孩子，并让他休息几分钟，之后再以同样的方式继续下一项作业。这样不仅降低了完成一件事情的难度，也增强了孩子的自信，让他感觉"我也能集中精力做好每一件事情了"。

很多家长会发现一个现象，学习上注意力再不集中的孩子，玩游戏的时候也能全神贯注。这是怎么回事呢？原因就是游戏让人体验不到"失败"的感觉。大多数游戏是积分制，也许你今天没有过关，但你赚了800分；明天也没有过关，但是赚到了1500分……游戏的吸引力在于：只要你玩，就能得到积极回应，能看到自己在不断进步。而且，玩游戏输了，它会提醒你"输了没有关系，再来一次"，没有责备，没有批评，只有鼓励。孩子在玩游戏的时候完全没有压力，这就是游戏让孩子欲罢不能的重要原因。然而在平日的学习中，家长只关注孩子的考试成绩，总是挑剔孩子"这没做到、那没做好"，孩子感觉不到进步，一坐到书桌前，就和负面体验连接上了，惴惴不安，想专注都困难。

家长可以把游戏机制引入对孩子学习的帮助中，多关注孩子取得的成绩，随时给予积极回应。比如，孩子通过努力思考，解出了一道数学难题，家长可以说："难怪你半天都没动静，原来你解出了这么难的题目啊！"这就是积极回应和鼓励孩子，让孩子体验到成就感。假如孩子非常努力地做了，却没有做成，家长说："宝贝，今天没做出来不要紧，明天听老师讲了思路，没准儿你就会解了！"这种没有压力的学习，孩子比较轻松，学习的时候就会更专注。

第二，去除干扰，为孩子创造一个专注的环境。

这里所说的"干扰"，通常包括两种。

一种是选择太多。

我们经常看到这样的情形：家长给孩子买了很多玩

具、书籍，并给孩子安排了很多任务，这就造成孩子经常翻翻这本书，看看那本书，写写这科作业，又写写那科作业。玩玩具也是，一会儿玩这个，一会儿玩那个。太多的选择只会让孩子注意力分散。所以，家长要引导孩子尽量在专一的时间里做专一的事情，也就是"专时专用"。

我在指导女儿学习的时候，就是这样做的。我会问女儿："几点到几点，你准备写哪科作业呀？"如果她说："晚上七点到七点半写数学作业。"那么我会接着提醒："要上厕所的话，先去上；要喝水的话，把水杯端到房间里。"约定好这段时间专门用来写数学作业，女儿在这半个小时里不出房间，我们也不去打扰她。如果女儿在作业中遇到不会的问题，她会先把会做的做了，等这科作业其他部分写完，再出来请教爸爸妈妈。写完一科作业，可以休息一会儿，换一换脑子，再开始写另一科作业。同样地，写另一科作业时也是"专时专用"。

孩子的注意力是有限的，将注意力过多地分配在不同的事情上，会严重消耗注意力的有效性。尤其当注意力还在发展的过程中，孩子同时面对很多选择，会损害注意力的有效集中。所以，家长要帮助孩子养成习惯，一次只做一件事。比如孩子做作业的时候，就不要临时安排其他事情来打扰他。

一种是家长打扰太多。

很多家长总是以关心之名去打扰孩子,分散孩子的注意力。比如孩子正在写作业,家长一会儿削个苹果送过去,一会儿端杯饮料送过去,一会儿关照孩子注意保护眼睛,一会儿提醒孩子当心感冒……孩子不停地被打扰,这不仅不能帮助孩子专心学习,还会破坏孩子的专注力。

就像前面说到的,孩子的专注力其实是天然的,家长首先要做的是随时随地呵护这个能力,在孩子喜欢做的事情上不破坏他的专注力,其次才是想办法培养他在不愿意做的事情上也能够专注。

培养孩子的专注力,需要在内外一致上下功夫,向内就是增强孩子内心的愉悦感和满足感,向外就是要给孩子营造一个不被打扰的环境。

这些部分都被满足了,家长的愿望才有可能达成。

多角度思考，让孩子更灵活

常常有家长在我的微信公众号留言，说自己的孩子是"死脑筋"，思考问题不会转弯，希望孩子可以头脑灵活、随机应变。家长的这个期望很好，关键是如何有意识地引导孩子多角度思考问题，培养孩子的灵活性。

根据我的实践和思考，可以从以下几个方面入手。

第一，要欣赏孩子的异想天开。

小孩子的脑洞非常大，他们的思想会天马行空。我女儿小时候，她爸爸在IT媒体工作，经常和IT公司打交道，所以在家里也会时不时跟我们谈论各个公司的情况。有一天，女儿问爸爸联想公司的总裁叫什么，爸爸奇怪她为什么要问这个，女儿回答说："我要写篇文章，建议联想公司的总裁把电脑卖到其他星球上去。"这个想法虽然如此大胆又不切实际，但可以算是女儿从另外一个角度思考问题的案例。我先生当时就竖起了大拇指,跟女儿说:"你太了不起了,我改天见到联想公司总裁,一定把你的想法告诉他。"后来,我先生果真把女儿的文章给联想公司的销售人员看了,虽然大家只是呵呵一笑,但是对女儿来说,爸爸对她的欣赏让她十分高兴。这其实是在帮助孩子想问题时大胆设想,不至于被太多的条条框框限制住思维。

我女儿小时候喜欢养小动物,她就特别想发明一台"动物语言转换器",帮助她和动物们交流。我记得她当时还对这种机器做了一些详细的设想。我和先生看了她的设想,对她赞不绝口,她后来还写了一篇关于"动物语言转换器"的文章。

当孩子有一些奇特想法的时候,家长千万不要打击,要认可和欣赏他,甚至可以进一步启发孩子,帮助他把想法具体化,激发他的想象力和创造力。

第二,家庭成员可以就一件事情发表不同的看法,讨论多种解决方案。

家长可以在家里发起一些常规的讨论或者游戏,具体做法可以是这样的:大家共同讨论社会上发生的热点事件,或者就家里某个人经历的一件事情,发表各自的看法。比如,爸爸今天本来很忙,结果突然有一个多年不见的老朋友从外地过来，于是爸爸放下手头的工作，去见了老朋友。爸爸的想法是：工作每天都要做，老朋友难得来一次，叙叙旧更重要。但是，妈妈认为：工作才是第一要紧的，先把手头工作做完，有时间的话再去见朋友，没时间就应该下次再约。这时候，家长可以问问孩子的想法。孩子或许会说："那就让老朋友到爸爸的单位，一起吃午饭或者晚饭，这样既不耽误工作，也和老朋友见面了，岂不更好？"

当大家都提出了自己的想法之后，家长就可以引导孩子：对待同一件事情，每个人的想法和做法都会不同，很多时候没有对错之分，只是大家立场不同而已，每个人的想法都应该得到尊重。如果大家在一起的话，就要看共同的目标是什么，商量由谁来调整方案，或者大家都做出一些让步，实现共同的目标。

同样地，孩子也可以把他在学校里遇到的事情讲出来，和家长一起讨论，看看有没有更多的解决方案。

在讨论的时候，建议家长深入一点，让孩子体验自己做决定的时候内心是不是舒服。如果不太舒服，可以进一步讨论：还有什么更好的方案，能让自己内心舒坦呢？生活中的很多事情并没有标准答案，家长常常和孩子进行这样的讨论，就会培养孩子的同理心，当他遇到别人和自己意见不同的时候，就能够学着变通，而不至于闹脾气。

学习上同样如此。家长要启发孩子多思考，有没有另外的思路，这么做不仅是为孩子的考试着想。原本孩子学习功课，就是为将来的人生打基础的，小时候帮助孩子在生活问题和学习问题上灵活思考，是为孩子的一生考虑。对待孩子的成长，家长要有这样的格局。实际上，当家长的格局变大时，陪伴孩子的时候也会变得自由自在，因为家长着眼的是孩子的未来，而非考试考了多少分这样的小事情。

第三，和孩子交流的时候多发问，启发孩子思考更多的可能性。

前两年，网络上盛传一个帖子，说的是美国老师如何陪孩子们读童话故事《灰姑娘》，下面摘取一段。

老师：请你们想一想，如果灰姑娘因为继母不愿意她参加舞会就放弃了机会，她可能成为王子的新娘吗？

学生：不会！那样的话，她就不会到舞会上，不会与王子相遇，王子就不会认识和爱上她了。

老师：对极了！如果灰姑娘自己不想参加舞会，就算继母不阻止，甚至支持她去，也是没有用的。那么，是谁决定她要去参加王子的舞会？

学生：她自己。

老师：所以，孩子们，即使灰姑娘没有亲妈的疼爱，继母也不爱她，这些都不能让她不爱自己。就是因为爱自己，灰姑娘才可能去寻找自己希望得到的东西。如果你们当中有人觉得自己没人爱，或者像灰姑娘一样有一个不爱自己的后妈，你们要怎么样？

学生：要爱自己！

我们可以看到，这位老师一直在用问话的形式跟孩子们交流，不断启发孩子们思考，让他们自己想出答案，而不是直接说出标准答案。

这种做法在家里也同样适用。家长在引导孩子读书的时候，可以和孩子探讨：书中主人公的命运会不会有别的可能？或者和孩子一起思考：如果自己来写这个故事，结尾会是怎样的？家长甚至可以把问话运用到日常的吃喝问题上，比如问孩子想吃什么，孩子也许会说排骨，那么家长不妨继续提问：是要吃炖排骨、红烧排骨，还是清蒸排骨？这么做，就是要让孩子明白：凡事都有多种解决方案，每个人都可以有自己的选择。明白了这个道理，孩子的内心就会感觉到自由自在，而不是觉得非黑即白，没有选择。

有的时候，孩子跟家长讲的事情看起来是个问题，实际上可能是孩子内心什么地方卡住了，家长先别急着给出解决方案，先用问话的方式帮助孩子梳理。比如孩子告诉家长不想写作业，家长可以问："从什么时候开始你就不想写作业了？"孩子也许会回答："从一年级开始。"那你就可以问："那时候发生什么了？"孩子可能就会跟你讲当时老师用非常难听的语言批评他了。你可以接着问："现在说到那时候，你的感觉是什么呢？"孩子可能会产生很多情绪，也许是伤心，也许是愤怒。家长可以陪着孩子把情绪流淌出来，然后继续就孩子的情绪提问："你的希望是什么？"他可能会讲一些对老师的希望。家长可以慢慢引导孩子回到他的功课上，比如"你希望以什么样的方式完成作业？"也许孩子会给出他写作业的具体方式。用提问的方式跟孩子对话，就不会只是在表面帮助孩子解决问题，而是会探索到孩子内心真正的想法，对孩子的帮助更加彻底和有意义。

第四，和孩子玩"脑筋急转弯"。

脑筋急转弯是一种文字游戏，经常和孩子玩脑筋急转弯，可以帮助孩子有效地打破固有的思维模式，培养孩子思维的活跃性和幽默感。所以，家长不妨在闲暇时间，多和孩子玩玩脑筋急转弯游戏。

我发现，七八岁的孩子很痴迷这种游戏。我记得女儿这么大的时候，家里一来人，她就缠着别人玩脑筋急转弯，乐此不疲。后来，我看到差不多年纪的小朋友也很喜欢玩这个游戏。虽然现在还不清楚为什么七八岁的孩子喜欢脑筋急转弯,但我觉得这种有趣的文字游戏可以拓展孩子的思维。

如今市面上有很多脑筋急转弯的书籍,内容良莠不齐。建议家长选择内容健康的智力型脑筋急转弯游戏,和孩子一起玩。

这些方法都很生活化,却非常有效。家长愿意的话,可以随时随地拿来用在孩子身上,帮助孩子越来越灵活。

老师是孩子最好的资源

作为妈妈,我清楚地知道,家长都希望老师对自己的孩子多照顾一点,也特别能理解家长们爱孩子的心情。不过,我发现有些家长在与老师沟通的时候,言语中不自觉地就把老师放到了自己和孩子的对立面。

让我们想象两个不同的画面:第一个画面是你和孩子站在一边,老师站在另外一边,你有什么感觉?第二个画面是老师、家长和孩子是一个手牵手的团队,你又有什么样的感觉?

如果家长把老师当作孩子成长团队中的一员,那么老师就会变成孩子成长过程中最好的助力。事实上,孩子上学时和老师待在一起的时间往往会超过和家长在一起的时间,因此用好老师这一"资源",对孩子的成长非常重要。

我在女儿成长的过程中没有给任何老师送过礼,却做了不少工作，帮助女儿和她的老师们建立了良好的师生关系，让她从老师那里获得了很多帮助。

第一，欣赏和感谢老师。

女儿读小学一年级时，有一天下午我去学校接她放学，看到她的班主任正在做小红花。我问老师要做多少，老师说要做39朵，因为班里有39个孩子。我又问怎么不是只做给那些表现好的孩子，而是每个孩子都有，老师说："每个孩子都会有表现好的时候。"那一刻我真的很感谢这位老师，回去就跟女儿说："宝贝，你们的老师好辛苦，放学了还在给你们做小红花。我很感动她为你们所做的，也很感谢她。你一定要记得感谢老师啊！"女儿就说："是啊，我们老师很辛苦的！"

从幼儿园开始，我和先生就鼓励女儿在教师节给老师送点小礼物，表达感谢。一年级刚入学没几天就是教师节，女儿让我给她打印了一些漂亮的图片，亲手做成了贺卡。因为她还不会写太多字，就用文字加拼音的方式写了一些祝福语。第二天放学后，女儿回来告诉我，学校广播点名表扬了她，说她给老师们送的礼物既特别又有意义。

我们让女儿在教师节给老师准备小礼物，就是想让她对老师怀抱一颗感恩的心。"一日为师，终身为父",我是把孩子送到学校之后,才对这句话有了越来越深刻的体会。有时候觉得很神奇,啥也不懂的小孩,送到学校一年后,就可以阅读很厚的书籍,也能考虑很复杂的问题了。如果说爸爸妈妈是衣食父母,那么老师就是精神父母。一个人既要感谢衣食父母的养育,同时也要感谢精神父母的栽培。

女儿四年级那年的教师节和中秋节只差一天,她突然想起前一年中秋节过后收集了几个非常漂亮的月饼盒,下点功夫做成礼物送给老师再合适不过。于是,她拿出自己储备的彩纸条开始折幸运星。星星折好后,她分装在那些月饼盒里,并且用小卡片给每个老师都写了几句祝福的话。教师节那天,她选了个合适的时间,悄悄地把这些月饼盒放到了每个老师的办公桌上。

班主任顾老师也得到了一份这样的礼物,她开始还以为是哪个老师放在她那里的月饼,不太想吃,所以放了几天都没有打开。几天后,另一位老师到顾老师办公室找吃的,顾老师就把那盒月饼拿给她。那位老师打开后惊喜地说:"顾老师,快看,这不是月饼,这是些小幸运星,还有一封信呢!"办公室所有的老师都围了过来,顾老师打开信,轻轻念道:"亲爱的顾老师,我虽然非常想当三好学生,但我还是斗胆送您这份小小的礼物。祝您节日快乐!"办公室里立马传出了轻松的笑声。因为那年学校告诉孩子们谁也不能送老师礼物，为了不让老师看出是谁，女儿没有写自己的名字，不过熟悉孩子们字迹的顾老师一眼就看出来是她写的。

后来，顾老师专门给我打电话讲了这件趣事，说她从教几十年，那是她收到过的最别致、最温馨的礼物。虽然礼物并不值钱，但顾老师已经感受到了女儿对她的爱戴和尊敬，心里也是温暖的。给老师送这样的礼物，老师对女儿的印象能不深刻吗？

古人说"亲其师，信其道"，便是说一个人如果喜欢他的老师，就更容易接受老师传授的知识。我平时和女儿聊起她老师的时候，也会多找老师的优点，表达我对老师的欣赏。女儿高中班主任性格豪爽，我就跟女儿说："于老师不愧是从国外留学回来的，性格豪迈，非常讲求平等，你能遇到这样的老师，也算是你的福气了。"这样说，就是希望女儿也能像我一样，发现老师身上的闪光点，用欣赏的眼光看待老师，心悦诚服地从老师那里学习文化知识。

第二，善于学习和采纳老师的智慧。

老师每年都会遇到几十甚至上百个孩子，在跟各种孩子打交道的过程中，他们会积累很多经验。家长搞不定自家孩子的时候，不妨咨询一下老师，也许可以找到更好的方法。

我女儿上幼儿园的时候晚上睡觉总是很晚,我说了她也不听,只好去求助她的幼儿园老师。老师帮我出了个主意,她让我画一棵大树,如果女儿按时睡觉就在这棵树上画一个果子,画满了就可以得到奖励,我用这个方法成功帮女儿养成了按时睡觉的习惯。后来我才知道,老师的这个方法其实就是行为心理学中常用的"正向强化法"。

女儿上了小学后,数学学得不是很好,我便在一次家长会后求助教女儿数学的张老师。老师让我准备一些小东西,说她会在孩子取得进步的时候,把这些小东西作为奖励颁发给孩子。我和几位家长听了都觉得这是个好主意,离开学校后立即着手去办。女儿那阵子非常迷恋软陶做的各种艺术饰品,我就买了几个软陶做的陶人和发卡,送到了张老师那里。

过了几天,女儿放学后拿回来一个小陶人,兴奋地告诉我,张老师给她发奖品了。我故作惊讶地问她原因。女儿便说,数学课后,张老师把她叫到办公室里,悄悄拿出那个小陶人,跟她说:"李若辰,你最近数学进步很大,这是老师给你的奖励。老师知道你非常喜欢软陶,特意给你选了这个小人。这是咱俩之间的秘密,别的同学并不知道,你可要保密哦。"

女儿给我描述这一切的时候，我看得出来她的激动、得意和骄傲。因为这个小奖品老师只发给了她一个人，别的同学都没有得到，在她看来，老师是肯定她的进步才给她这个奖励的。她本来就喜欢张老师，这样一来，对张老师的印象更加好了。

第三，讲究和老师沟通的方式。

既然我们把老师看作孩子成长团队中的一员，那么和老师之间的沟通就特别重要。其中大有学问，而且要讲究技巧。

第一点，找老师不要太频繁，一个学期一两次即可。

我自己做过老师，知道老师的辛苦，他们平日里时间很紧张。家长频繁给老师打电话询问孩子的情况，很可能打乱老师工作和生活的节奏。老师们白天上课，课余时间要批改作业，班主任还要做学生工作，每天都早出晚归，非常辛苦。因此，一般情况下我不会轻易找老师。

第二点，多找孩子薄弱科目的任课老师。

孩子哪门功课存在问题，就多找该科老师交流，商量如何帮助孩子提高成绩是非常必要的。而对于孩子已经学得很好的科目，就没有必要再去给老师们添麻烦了。我就从来没有单独跟女儿的地理和历史老师聊过天，只是在家长会上听他们讲讲孩子大致的情况。因为女儿的地理和历史学得都很好，有一套自己独特的学习方法，我相信她只要跟着老师认真学，一定没有问题。

第三点，找老师前打好腹稿。

我每次跟老师交流前，都会先在心里想好自己要说的话。老师每天管那么多孩子，时间非常有限，所以，家长们可以提前把自己要咨询的内容捋一捋再找老师沟通，也可以在纸上列出核心问题，这样既不浪费时间又不会漏掉关键信息。

有时候开完家长会，不少家长都觉得好不容易见到老师，想跟老师多聊聊。但有的家长缠着老师，滔滔不绝，说个没完，就不是很合适了。我就遇到过类似的事情，一位家长跟老师说了半天，最后老师无奈地问："您想要我做什么呢？"这样不仅耽误了老师和其他家长的时间，问题也得不到解决。一个班几十个孩子，老师不可能关注到每个孩子的所有问题，家长跟老师交流，只要把关键问题沟通清楚即可，实在没必要面面俱到。

第四章

改掉恶习
有妙招

孩子逃避难题怎么办

经常有家长跟我讲："孩子做题的时候一遇到难题就躲，本来他只要再想一想，就一定能想出来的，但就是不爱想，总觉得太难了，直接说不会，摆出一副没有办法的样子。这种情况应该怎么办呢？"

这就是我们通常说的"畏难情绪"，很多家长都会遇到这个问题。所谓"畏难"，就是指害怕困难。在孩子畏难的时候，家长要分清是真的难还是假的难。因为家长和孩子对"难"的界定是不一样的，家长从成人的角度考虑，也许觉得不难，但孩子很可能确实不会。所以，家长需要去辨别孩子是真的遇到困难了，还是因为依赖家长，想偷懒，不爱动脑。

第一，如果孩子真的觉得难，家长在帮助孩子之前，要先建立联结。

当看出孩子的情绪后，家长要有同理心，先跟孩子建立情感上的联结。所谓同理心，就是站在他人的角度看问题。

我曾经在网上看过一个关于同理心的小视频，非常形象地描述了如何用同理心和人建立联结的方法。大意是这样的：

有一个人不小心掉进了地洞，他在底下大声叫："我被困住了，这里好黑，我快受不了了。"这时候你听到了，也爬进地洞，安慰他说："我来陪你了，原来地洞里这么黑，现在你不孤单了！"这就是联结。如果你只是站在洞口，远远地对他说："别怕，情况没有那么糟糕。"这就不是联结。真正的联结，是家长能感受到孩子心里的东西，理解他的感受。

我女儿上中学的时候学习遇到困难，我有时只是坐在她身边，或者抱抱她，她就觉得很有力量。假如我说"这个没关系""那个不重要"，女儿就会觉得妈妈根本不了解她。

在孩子遇到困难的时候，家长先跟孩子建立情感上的联结，然后再做工作，效果会比较好。

如果孩子说："妈妈，这个问题很难。"

家长应该怎么回答呢？

妈妈可以说："哦，这个问题对你来说很难。"先认可孩子，让孩子感受到被理解。然后可以说："跟我说说到底怎么个难法。"家长这么做，可以帮助孩子一吐为快，把内心不舒服的感觉都说出来，先处理孩子的畏难情绪，再一起想办法，看看他到底哪里不会，找方法教会他。如果家长也应付不了难题，可以考虑是不是要请家教，或者给孩子报个辅导班。

第二，家长要帮助孩子克服恐惧心理。

有些问题本身并不见得有多难，而是孩子心怀恐惧，不敢去面对问题。就像有的家长也会怕黑、怕水，或者怕某些动物一样，这些东西本身或许并不可怕，只是因为人们对它们的认知不足，或者曾经有过不好的经历。很多人怕老鼠而不怕猫，实际上猫是吃老鼠的，所以说老鼠比猫可怕是不成立的。那为什么很多人见到老鼠就会吓得落荒而逃，见到猫却忍不住想凑上去亲近一下呢？这是因为我们从小看到大人们对老鼠、对猫的反应就是这样的。学习也是一样，如果家长总是跟孩子说："数学很难，你要好好学数学。"孩子就会被吓到，他会形成数学这门功课很难的心理，一遇到难题，就不敢去解决了。

还有的孩子之所以会产生畏难情绪，是因为有过一些不好的经历，比如曾经因为做不出题被老师批评，或者被家长训斥。我女儿小学的时候，有一次因为几道数学题没做对，被老师批评："都说你学习好，怎么连这么简单的题都做不出来？"女儿很沮丧，有一段时间陷在受挫的情绪里，不敢去面对难题。有的孩子英语考试成绩不好，家长责备他："你怎么这么差劲？爸爸妈妈都是留学回来的，你英语学不好真是丢人。"这些经历容易使孩子产生自我否定的心理，认为自己真的不好。所谓的畏难情绪其实是不自信的一种表现。

很多时候，孩子不一定是真的不会，而是恐惧进入了他的潜意识，每当遇到相同或相似的情境时，都会觉得恐惧，不敢面对。在这种情况下，家长就要在激发孩子的自信心上做工作，想办法让孩子赢，并且让他多赢几次。比如孩子做题的时候卡住了，家长可以引导他把某一道题或者几道题做出来。当孩子做到时，他的自信心就会提升，以后再遇到难题，就敢于去尝试了。孩子尝试得越多，越做越好的时候，就不会再畏难了。

我女儿以前学理科时，常常会遇到不会做的题，为此我找了一位辅导老师，并跟老师说："我不期待我女儿的成绩马上提高，只要您能让她不再害怕数理化就行。"这位老师就在这方面做了很多工作。后来，我的女儿不再害怕数学，成绩也慢慢赶上来了，并且越来越好。所以，只要孩子不再畏难，就有可能做出题来。

第三，家长不要做孩子的"拐杖"。

有的孩子之所以畏难，是因为他有根"拐杖"——遇到不会的问题，他首先就想到了用"拐杖"。这个"拐杖"，可能是家长，也可能是家长请的辅导老师。很多孩子从小就有家长陪学，写作业的时候，家长就守在旁边。孩子哪个字不认识了，张口问家长，家长随口一说就解决问题了，省得孩子去查字典；或者，孩子哪道题不会做了，一皱眉、一歪头，家长就把答案告诉孩子了，让他觉得"这多容易啊"。久而久之，孩子就不爱动脑筋了，总想跟家长要答案。

所以，如果孩子还小，家长才刚开始陪学，一定要注意不能总给孩子答案，而要教会他解决问题的方法。如果孩子已经养成了依赖的坏习惯，那么家长从现在开始就要学会及时抽身。家长抽身之后，孩子的成绩可能会下滑。这时候，家长一方面要狠心，另一方面也要学会接纳，允许孩子成绩下滑。因为孩子需要一个适应的过程，如果家长不放手，他将永远都离不开"拐杖"。家长要学会相信孩子，每一个孩子都有无限潜能，当家长不在孩子身边替他承担的时候，他自己解决问题的潜能才会释放出来，并会做得更好。

总之，面对孩子的畏难情绪，家长要先搞清楚原因，由内而外、有的放矢地支持孩子。

粗心马虎只是表面现象

在中小学生家长口中,"粗心马虎"是个高频词。家长们一起聊天,经常说:"我家孩子就是粗心,他竟然分不清楚3和5!"或者"我家孩子啥都会,就是写作业、考试的时候马虎!"

该怎样改正孩子粗心马虎的毛病呢?很多家长为此伤透了脑筋。有些家长一看到孩子粗心就着急上火,忍不住指责孩子:"你怎么这么粗心?怎么连这么大的错误都意识不到?"有些家长甚至会采取一些过激的纠正方法,比如孩子写错了一个字,就罚他抄上一百遍。这么做一点用都没有,孩子不高兴,家长也得不到想要的效果。

正确的做法应该是什么呢?

其实,粗心马虎只是表面现象,家长不妨先想一想造成孩子粗心马虎的原因。下面,我介绍几个简单的排查步骤，可以帮助家长迅速判断问题到底出在哪里。

首先，看看孩子的粗心是不是读写障碍导致的。如果家长仔细观察孩子，发现他看不明白老师教的字符，或者不能清晰辨认两个相似的数字或文字，下笔时手眼也不协调，那么孩子很可能存在读写障碍。遇到这种情况，家长要去专业机构寻求帮助。

其次，排除了生理原因，接下来要看看粗心是不是学习问题导致的。家长观察孩子的表现，如果孩子作业写错了，但是当被问到某个知识点的时候，他又恍然大悟。这是知识学得不扎实的表现，换句话说，孩子并没有掌握知识点，不是我们通常以为的"学会了，但疏忽了"。而如果孩子经常审题不明，混淆一些相近的概念，这表面上看起来是粗心，其实是因为阅读理解能力不够。面对不同情况，家长要对孩子的学习进行针对性辅导。

最后，孩子的粗心还有可能是家长导致的。我认识一位妈妈，她的孩子脑子灵活，反应也快，学习起来感觉很轻松，但就是做作业和考试总是出错，要么少写一个小数点，要么多写一个零。就是这些小错误，导致孩子的成绩不理想。从孩子上小学开始，妈妈就一直叮嘱他"别粗心，要细心"，结果到初中了，孩子的毛病也没改。

这位妈妈很奇怪：在家里什么事都不让孩子做，给他创造最好的环境，让他专心读书，为什么他还是这么不用心呢？而且不仅是在学习上，孩子在生活中也很马虎，丢三落四——上课忘记带课本、考试忘记带笔，诸如此类。为此，妈妈都快愁死了。

其实，这个孩子的粗心在很大程度上是家长造成的。小时候，家长没有引导孩子养成好的生活习惯和做事习惯，只注重学习，不注重孩子其他方面的发展，再加上一直对孩子施加不好的心理暗示——"你就是粗心马虎"，孩子当然很难改正。

搞清楚了原因，家长怎么做才能改善呢？

第一，家长要给予孩子积极的心理暗示。

心理学上有一个著名的概念，叫作"罗森塔尔效应"。20世纪60年代，美国心理学家罗森塔尔考察了一所学校，随机从班级中抽取了18名学生，把这些学生的名字写在一张表格上，交给校长。罗森塔尔极为认真地告诉校长："经过科学测定，这18名学生都是高智商人才。"事过半年，罗森塔尔再次来到学校，他发现这18名学生的表现的确超过了一般学生，有很大长进。这就是期望心理中的共鸣效应。

这个实验带来的启发是：如果我们能够充分相信孩

子，给予孩子积极的心理暗示，他就会朝我们期望的方向发展。比如，家长希望孩子认真、细心，就不要用"粗心"这样的词去指责他。如果家长总是反复说"我孩子很粗心"，或者在心里这么想，日子久了，孩子可能会真的变得粗心。所以家长要反过来，多去发现孩子细心的地方，多表扬孩子。

表扬的时候，不要简单地说"宝贝真好、真棒"，而要使用描述性语言。比如家长可以说："妈妈很喜欢你做的这些模型，看得出你是很认真地做这件事情的，妈妈很欣赏你！"或者"昨天老师给了你一个五星，因为你的作业做得好。我知道你是特别认真去完成的，特别棒！"像这样，让孩子清楚地知道细致认真可以取得好成绩，慢慢地，他就会变得认真起来。

第二，家长要做孩子的示范对象。

孩子童年的心理发展，非常需要有一个示范对象，教他怎么做。孩子粗心，往往是因为没有养成良好的学习习惯，但是很多家长都忽略了一点：孩子的学习习惯和生活习惯息息相关。如果家长本身的生活习惯就是粗枝大叶、杂乱无章，没有稳定的作息时间，那么孩子很容易养成粗心马虎的毛病。

所以，我建议家长在家庭中创造一种有序的生活，无论做什么事情，都尽量有规律。比如家里陈设整齐，物件放在固定的地方等。家长时时刻刻示范给孩子看怎么做才是细心，孩子才能养成良好的生活习惯，并把它迁移到学习中。

有的孩子放学回家以后，总是先打开电视，边看电视边写作业。或者戴上耳机，一边摇头晃脑地唱着歌，一边做习题。久而久之，孩子便养成了"一心二用"的不良习惯，这样做作业出错的概率也会大，拖拖拉拉半天都做不完，效率低下。这些做法都是不可取的，需要家长及早纠正。

第三，家长要训练孩子的注意力。

家长可以和孩子一起做一些训练注意力的活动。比如反向运动，玩起来很简单：家长给孩子一个向左的指令，孩子则必须向右；指令向上，孩子必须向下……这种游戏需要高度集中注意力才不会出错，既能让孩子有兴趣玩，又可以培养细心的好习惯。

再比如玩扑克牌游戏，家长展示几张扑克牌的牌面给孩子看，然后扣起来，让孩子说出刚才看到的牌面是什么。所有家庭成员都可以一起玩这个游戏，这是很好的一种训练注意力的方式。家长平时可以多留意类似的游戏或活动，和孩子一起参与。

第四，家长要引导孩子为自己的事情制定策略和方案。

孩子还小，很多事情不知道如何做，所以家长需要通过生活中的点点滴滴，教导孩子先做什么、后做什么，以及重点做什么，让孩子对做事情的方案有一个清晰的了解。特别是对于乐天型、粗线条的孩子来说，更需要家长从小就教会他这些。举个例子，比如教孩子洗袜子，家长可以告诉孩子：先泡水，再抹肥皂，重点要洗袜子的脚底板位置，这就是教孩子做事细致的办法。

拿我自己来说，我从小就教女儿：写作业的时候，先把要写的作业本和书都放在右手边，把书包放在左手边；写完一科，就把这一科的作业本和书放进书包里。这样，作业写完了，书桌上也是整齐的。第二天早晨出门的时候，也不至于手忙脚乱地找东找西。因此，女儿从小就养成了做事细心、有条理的好习惯。

等到孩子大一点，家长还可以引导孩子自己制定做事的策略。比如可以问孩子："今天这件事，你打算怎么做呢？"家长听完后可以提建议，比如说："妈妈觉得这么做比较好，你觉得呢？"逐渐让孩子学会周密细致的思维方式和做事方式。这样长大的孩子，也就比较细心了。

对于孩子的粗心，家长千万不可操之过急。我一直觉得，所有的孩子都希望自己表现好，粗心往往都是无心之过。家长看到的只是外在表现，真正的问题是：孩子需要帮助。所以，家长发现孩子粗心时，一定要先接纳和包容孩子当下的状态，找到症结后有针对性地帮助孩子。

孩子"输不起"怎么办

家长们一定遇见过这种情况：一群孩子玩游戏，有的孩子非常在意输赢，赢了很高兴，输了就满脸不开心，甚至大哭大闹。我还接触到一些孩子，之前学习成绩不错，但考上重点中学后，排名没有那么靠前了，便不能接受，开始厌学甚至自暴自弃。

一直想赢，是上进的表现，但失败是人生的常态，如果一个人只想赢不想输，恐怕他一生都要活在痛苦中了。任何家长都不想让孩子变成这样，那么就要从小教会孩子正确看待输赢，树立积极乐观的人生态度。

我们该怎么做呢？

第一，放下功利的心态，把孩子的快乐和成长放在第一位。

孩子太在意结果，是因为他们忽视了过程里的快乐，甚至忘记了最初的意图。孩子变成这样，与家长有绝对的关系。

举个简单的例子，家长送孩子去打乒乓球，最初的目的就是希望孩子可以强身健体、保护眼睛、锻炼大脑反应等，出发点是非常好的。可是慢慢地，性质就变了。当打球水平到一定程度的时候，家长就开始带着孩子参加各种比赛，在孩子取得名次的时候兴高采烈，在孩子没有打好的时候唉声叹气。甚至还把获奖证书作为孩子升学的敲门砖，让孩子感觉不能失败，打不好是丢人的事情。这也是很多孩子一开始很喜欢学习特长，但到了一定程度后就放弃的原因：功利的竞争背离了初衷，让孩子体验不到最初的快乐，最终使他们丧失了兴趣。

如果孩子在参加比赛时因为没有获得名次而伤心落泪，家长一定要懂得同理孩子的情绪，可以轻轻问他："儿子，这次没有拿到名次，是不是很沮丧？"然后告诉他："虽然比赛没有获得名次，但是你现在身体很灵活，脑子反应也快了，还交到了关系很铁的朋友，这些都是让你终身受益的事情。"这样一来，孩子的注意力就会转移到过程中的快乐，而不会在意比赛的结果了。

学习也是同样的道理，家长首先要明白学习的目的是为生活服务，学习知识是用来武装自己从而更好地服务人生的，而不是为了考试成绩。

我女儿上北大后，跟一群学霸在一起，看到大家学习都那么好，不由自主地陷入纠结。一次，她考完词根学给我打电话，说自己比较郁闷，因为考得不好。我就问她当初选修词根学的目的，她告诉我是为了帮助自己更好地记单词。我又问她这个目的达到了没有，她说达到了，而且她考英语六级基本是裸考，还取得了高分。当她说到这里的时候，我就说："除了考试分数可能会低一点之外，你想要的目的都达到了，而且获得的益处一直影响着你，这是值得庆贺的事情啊！"听我这么说完，女儿就说："妈妈，你这么说的话，我就舒服多了！"

快乐的童年是一个人成长的根基，家长提供土壤让孩子在快乐中牢牢地扎根，茁壮地成长，将来他才可以经受风雨，迎接挑战。

第二，让孩子体验"输"，让他知道输没有什么大不了。

要想让孩子"输得起"，就要让孩子体验"输"，并让他明白输了也没有什么大不了。家长可以在家里和孩子一起玩游戏，玩的时候不要一味地让着他，而是让孩子体验到胜败乃兵家常事，锻炼他从容应对输赢的气度。

我女儿小时候，我和先生很喜欢跟她玩扑克牌。女儿最喜欢"争上游"或者"斗地主"，因为打牌时可以三个人一起参与，而且输赢也不固定在某个人身上。赢了，我和先生会表现得非常高兴；输了，我们也会表现得很懊恼，并说"再来，看看下次谁会赢"。跟女儿一起玩牌，我们很少让着她，不会故意让她赢牌，目的就是要培养女儿"输得起"的品质。

一次，有一个小朋友来我家，我就让女儿和她一起玩牌，那个小朋友每次输牌的时候都会非常不高兴，要是连输两次还会哭鼻子。看到这种情形，女儿很不解，因为在她看来输赢都是非常正常的事情。后来了解到，那位小朋友在自己家打扑克的时候，大人为了让孩子高兴总是故意输牌，所以每次都是小朋友获胜。殊不知，家长自以为让孩子只体会赢的乐趣是一种爱，但当孩子在外面遇到挫折时，就会表现得很脆弱了。

失败乃成功之母，"输得起"是一种优秀的品质。在游戏中输得起的孩子，在其他方面的较量中也会输得起。上学时，孩子会经历大大小小的考试，不可能每次都考出好成绩。如果输得起，那么就不会看重一次的得失，考好了会高兴，考不好则重整旗鼓努力准备下一次考试。在将来的生活和事业中，他们也会时时遇到较量，只有怀着输得起的心态，才能平和地看待每件事，尽力而为，努力实现自己的精彩。

在北京十一学校有个创业基地叫"松林书苑",这里会不断挂出"重新开业"或者"开张大吉"的牌子,因为总是有"公司"倒闭,也有新的"公司"开张。校长李希贵认为,他们不让老师介入学生的社团,就是怕老师的想法干扰孩子们的思维。有的学生社团办三个月、半年就垮了,然后重整旗鼓再做别的。学生们在不断体验成功和失败的过程中,积累了重要的人生财富,这比他们进入社会再学习的成本要低得多。让孩子从小就体验到输赢都是家常便饭,长大了才能"输得起。"

第三,家长的抗挫折能力是孩子"输得起"的最好教导。

上文也提到,失败是人生的常态,不可能有人总是成功的。家长遇到挫折和失败的时候是如何应对的,这对孩子的影响非常大。

这一点对家长的要求很高,毕竟一个人的处事方式会受到自身成长环境的影响,几十年养成的行事方式几乎变成了自动化的反应。我和先生面对挫折时的态度就非常不同,过去我遇到挫折会害怕,但我先生不是,他非常乐观,是那种"失败了没关系,大不了再重新来过"的性格。我俩面对挫折时的表现对孩子都有影响,我女儿遇到失败的时候,有时像爸爸似的无所谓,有时也会像我，内心感到害怕、难过。

我学习心理学以后，心态发生了很大改变，面对挫折时变得比以前淡定从容。我的变化对女儿也产生了影响，我发现她如今经历失败的时候不会像以前那样过于纠结了。我想说的是，改变是可能的，我能改变，你一定也能。当你开始尝试改变，便是孩子幸福的起点。

第四，在团队中培养孩子"双赢"或者"共赢"的意识。

史蒂芬·柯维在《高效能家庭的7个习惯》里举了个例子：一个打篮球的女孩告诉爸爸，和她有竞争关系的同学总不肯把球传给她，这让她很郁闷。爸爸就让女儿在下一场比赛的时候，只要有机会就传球给那个同学，结果她们球队那一场打赢了。从此以后，一对有成见的姐妹花在球场上配合越来越默契，她们球队赢球的次数也越来越多，当地报纸甚至还报道了她们默契配合的事迹。这位爸爸的提议改变了他的女儿，让她从过去竞争的痛苦中摆脱出来，体验到宽容带来的她和同学关系的改善以及从未体验过的快乐。

的确，竞争往往伴随着痛苦，但授人玫瑰，手有余香。当别人从你这里有所受益的时候，你体验到的满足感和愉悦感便超过了自己获得成功时的感觉，你会感觉到自我光辉的闪耀。这是人性深层次的需求，也就是自我价值的体现。因此，家长不要总是让孩子和别人比高低，而是应该从小培养他拥有双赢或者多赢的意识。

孩子逃避作业，弄清原因是关键

这年头，陪孩子写作业差不多变成了家长第一头疼的事情，媒体上也常常可以看到各种吐槽家长陪孩子写作业时的囧事和尴尬事。让家长火大的事情，一是家长觉得孩子压根儿不爱写作业，二是家长觉得孩子就是磨磨蹭蹭逃避写作业。

我觉得孩子无论是不爱写作业，还是写作业磨蹭，都是表面现象。家长首先要做的是管理自己的情绪，放下着急和焦虑，对孩子怀抱一颗好奇心，透过现象去了解孩子逃避作业的真正原因。比如，有的孩子不写作业，可能是因为他没有学会，跟不上学校的进度；有的孩子则可能是因为不满家长的做法，故意用逃避写作业的方式消极抵抗；还有的孩子是觉得作业根本就不值得做。

那么，家长除了要管理好自己的情绪，在行为上该如何应对呢？

第一，因材施教，允许孩子选择是否写作业，以及怎么写作业。

写作业的目的是复习老师在课堂上讲的内容。有些孩子很聪明，不写作业也可以把功课学得很好。所以，家长要因材施教，让孩子选择不同的课后复习方式。

有一个男孩，从小就不爱写作业，一让他写作业，他就很烦躁。小学的时候，男孩的学习成绩不错，老师允许他不写作业。上了初中以后，他还是不愿意写作业，往往班里同学都交了作业，只有他一个人不交。老师很生气，找到男孩的妈妈，希望她可以教导教导孩子。男孩的妈妈没有马上责怪他，而是问他原因。男孩感受到了妈妈的尊重，于是坦诚地告诉妈妈："老师布置的作业太简单了，我觉得没有意义，写作业对我来说就是浪费时间。"妈妈说："我认可你的说法，也觉得你可以不写作业。不过，老师为此总是来找我，要不你自己跟老师说说不写作业的原因吧。"男孩果真找老师说明了原因，并向老师保证他的学习成绩不会拖班级的后腿。老师很欣赏男孩的勇气，于是和男孩约定：只要每次考试他的成绩在班级前20名，就可以一直不写作业。男孩接受了老师的约定，初中前两年都没有写作业，成绩也一直排在前20名。初三的时候，他自己觉得需要通过写作业来巩固所学，就开始写一部分作业了。后来，男孩中考时取得了很好的成绩，据说物理成绩还考了北京市第一名。

男孩的妈妈没有和老师一起来控制孩子，逼他必须写作业，而是采取"把球踢给孩子"的办法，让他去跟老师协商，做出适合自己的选择，并对选择承担后果。这就是"因材施教"的一个典型案例。

面对这种聪明的孩子，也有家长的做法是：跟老师商量，让老师给孩子布置一份相对比较难的作业。老师会明确告知孩子，这是因为他比别的同学能力强，才给他开的"小灶"。这种"因材施教"的做法是比较高明的，不仅让孩子开始写作业，也会帮助孩子变得更加自信。

第二，在孩子逃避写作业这件事上，家长也要反思自己。

有的家长对孩子太过娇惯，从小不让孩子做事，导致孩子动手能力比较弱。这样的孩子写起作业来就会慢吞吞的。写作业也要动手，如果孩子动手能力比较弱，即使他头脑已经懂了，手上也要花费很长时间。或者，有的家庭夫妻关系不好，家庭氛围紧张，让孩子时常感到恐惧，这也会导致孩子总是走神，写作业的速度变慢。

也有的家长总是不满足，本来孩子写作业挺快的，家长一看这么快写完了,担心学校留的作业让孩子"吃不饱",又额外给孩子加作业。孩子原本渴望做完作业就能玩了,或者做自己喜欢的事情,但是家长就是不给孩子玩的时间。日子久了,孩子很可能会消极抵抗,故意拖延磨蹭,把一晚上的时间都占满,"这样妈妈就不会额外加作业了"——孩子其实是在用这样的方法保护自己。

还有的家长,一看到孩子出错,就大声指责或者滔滔不绝地唠叨。如果是这样,孩子逃避作业就可能是出于"怕"了——他怕一写作业就被批评,于是潜意识里开始自我保护,干脆不写作业了。可是,孩子的这种自我保护又被家长贴上"懒""逃避""拖延"的标签。就这样,孩子在一个又一个否定之下,慢慢变得没有自信,变成一个自我否定的人,这对写作业更是没有一点儿帮助。

上面这几种由家长造成的问题,我们要有针对性地一一解决。

针对本来写作业很快却故意拖延的孩子,家长要尝试改变对孩子的要求。心理学上有个实验叫"习得性无助",就是把跳蚤放在玻璃缸里,缸顶盖上玻璃盖。跳蚤本来跳得很高,但是由于每次跳上去都会被弹回来,努力几次之后,它就不再跳那么高了,最后就算把顶盖拿走，它也不跳了。孩子的心理也是这样，一开始他总是很快地写作业，希望写完后可以好好玩，可是每次家长都会给他加额外的作业，或者无论怎么做都要面对家长的不满和唠叨，日子久了，孩子无力抵抗，就只好拖延磨蹭了。磨蹭的结果是：本来8点钟可以写完的作业，他一直拖到10点钟才写完。你看看，家长的本意是为了孩子可以多学点，这是出于爱，但这种爱的结果导致了孩子的行为问题。

所以，对本来能力很强的孩子来说，家长如果想要让孩子保持学习热情，那么在没有征得孩子同意的情况下，不要添加额外的作业让他做。孩子刚上小学的时候，家长要用有趣的事情吸引孩子，让孩子快速完成作业后，自由自在地做些自己喜欢的事情。这样，孩子就不会觉得学习是痛苦的事情。

如果由于家长的高要求，孩子已经出现了磨蹭的现象，家长就要多表扬和鼓励孩子。只要孩子表现好就表扬，不仅是做作业，别的事情他做得比较快的，也要表扬，让孩子体验到成就感。最重要的是，让孩子感觉到自己是可以更快一点的，这样他才会真的快起来。家长切记：在孩子连分内事情都不愿意做的情况下，坚决不给孩子增加额外负担。

第三，家长要有意识地培养孩子的时间观念，锻炼孩子的动手能力。

家长可以和孩子一起制订计划，比如让孩子算一道数学题，看他用了多长时间，然后根据平均速度，结合老师当天留的作业量，规划当天写作业的时间。只要孩子写作业的速度提高了，就表扬他。如果是低年级的孩子，还可以有小小的奖励，比如只要孩子把快速写作业的习惯坚持一段时间，就带他去特别想去的地方玩一次。当孩子一而再再而三地体验到快速做完事情后的喜悦，这个习惯也就慢慢养成了。

锻炼孩子的动手能力，家长除了留意孩子在学习方面的表现之外，生活方面也不要宠溺孩子，尽量放手让孩子多做一些事情，平日里多提供机会让孩子自己做事，锻炼他做事的能力。当孩子的动手能力或者做事情的速度提高了，他写作业的速度和能力自然也会提高。

第四，如果孩子跟不上学校课程，家长不要责骂和挑剔孩子。

这一点非常重要。家长对孩子要多一些理解和接纳，并想办法教孩子掌握所学的内容。要知道，每个孩子都是不同的。同年级的孩子，有的智力发展得比较快，有的可能发展得慢一些。而且，在小学阶段，男孩和女孩的智力发展程度、学习能力也有差别。一般来说，女孩发育得比较早，会比同龄的男孩要显得强一些，这些都需要家长理解和接纳。其实，每个孩子都希望自己学习好，那些学不好的孩子在学校里可能已经被老师批评了，已经很难过了，这时候更需要家长的支持。家长也可以跟学校老师沟通，看看怎样才能真正帮助孩子。只有这样，孩子写作业的速度才会快起来。

总之，每个孩子的情况都不一样。要解决孩子逃避作业的问题，家长一定不能感情用事，先要弄明白原因是什么，然后再有的放矢地帮助孩子解决。

如何解决孩子的"三分钟热度"

很多家长希望自己的孩子多才多艺，给孩子报很多课外兴趣班，可是不少孩子很难坚持到底。结果往往是：家长花了不少钱交学费，孩子却没有学到什么。当然，家长担心的并不是钱的问题，而是担心孩子做什么事情都"三分钟热度"。遇到这种情况，家长应该怎么办呢？

第一，家长要充分了解孩子，根据孩子的年龄特点和兴趣爱好选择兴趣班。

有的家长恨不得孩子三五岁的时候就变身"全能小明星"，什么都会一点。如果家长的安排不符合孩子的年龄特点，效果注定好不到哪里去。

给孩子选择兴趣班，要评估孩子的具体情况。比如三岁的孩子，一般来说耐性比较差，他对世界充满了好奇，如果要求他乖乖坐下来学习枯燥的东西，肯定会难以坚持。因此，家长要充分评估孩子的年龄特点，选择适合孩子当前年龄段的事情去做。另外，每个孩子的潜能都不一样。有的孩子运动细胞比较发达，有的孩子乐感很好，还有的孩子表达能力强……只要你仔细观察，就能发现有些孩子在某些方面具备其他孩子没有的天赋。如果家长只考虑别人家孩子都在学什么，随大溜，而不考虑自己孩子的个性和潜能，就可能出现"三分钟热度"的情况。

有的家长还会把自己的兴趣强加到孩子身上，因为自己小时候没有学成，就想让孩子替自己"圆梦"。孩子明明没有兴趣，家长还千方百计让孩子坚持下去。因为不是自己喜欢的，孩子自然难以坚持。所以，家长应该细心观察，去发现孩子内心真正想要的，而不是家长自己想要的。

有些孩子两三岁的时候受到图画书的熏陶，三四岁时自己就可以拿着笔涂鸦了。这样的孩子，学画画就是水到渠成的事情，甚至不需要家长干预，课余的时候他也会主动拿起画笔，因为画画对他来说是一种享受，而不是被命令、被要求，这才是孩子真正的兴趣。

有些孩子刚开始做某件事情的时候，可能是出于好奇，或者觉得有趣，但是真正开始做之后，要不要坚持下去，就由他的感受决定了。如果孩子在做事情时，常常得到肯定、认可和接纳，他的内心就会感觉愉悦和美好，这种感受会驱动孩子坚持下去。相反，如果孩子总是被挑剔、唠叨，尤其当事情本身很枯燥的时候，他的感受就会很糟糕。孩子会本能地去除那些不好的感受，一旦家长传递的是让孩子感觉糟糕的信息，孩子就不愿意继续了，这是出于本能的自我保护。所以，家长应该多夸奖和鼓励孩子，传递正向的信息。

有一个六岁的小女孩，要在六一儿童节那天上台表演弹钢琴。她的爸爸因为工作忙，没能到现场观看表演，只好让妈妈录下视频。晚上回家后，爸爸要看视频，小女孩不让，说自己弹错了一个音。爸爸说："重要的是我的女儿在弹琴，我要看的是我的女儿在台上弹琴。我喜欢看你弹琴，无论你弹什么，我都喜欢。"小女孩听了爸爸的话，就把视频拿过来给爸爸看。爸爸一边看，一边赞叹"真好听"，于是小女孩跑到钢琴前，给爸爸又弹了一遍，这一次没有出错。在爸爸的欣赏和爱的鼓励下，小女孩真的爱上了弹钢琴。

第二，家长的兴趣爱好会感染孩子。

如果孩子能在耳濡目染中延续父母的爱好，就更容易坚持下去。爸爸妈妈有自己的爱好，比如书法，天天都要练字，就可以用自己的行动激励孩子。孩子也会模仿父母的样子，彼此之间还可以相互切磋、比赛，将兴趣学习转化成自觉行为，效果远比父母单纯地督促要好得多。我就认识一位妈妈，她是一位书法爱好者，虽然平时工作很忙，但每天晚上都要临帖写字。女儿看到妈妈写字那么认真，也开始学习书法，母女俩一起写，共同进步。有的妈妈和孩子一起打太极拳，孩子每天晚上写完作业，都要跟妈妈一起打一套拳。这其实就是榜样的力量。

第三，家长将目标分解，鼓励孩子多坚持。

在这一点上，我建议家长学学明星爸爸陈小春的做法。陈小春看到小区里开了一家钢琴店，就想让儿子学钢琴。他先带儿子到店里，让儿子现场体验一下，然后问他感觉如何。儿子说"很有趣"，就同意学钢琴了。陈小春担心一下子报了班，儿子坚持不下来，就跟他约定：先学四节基础课看看。果然，才学了两节课，儿子就感觉有点儿不适应了，但是想到跟爸爸约定的是四节课，咬咬牙坚持下来了。你看，当家长把目标分解后，孩子的压力减小了，会更容易实现。所以对于兴趣班，家长可以鼓励孩子先试学几节课看看，通过初期的尝试，观察孩子是不是真的适合学习。如果不适合，家长可以及时调整方向，找到更适合孩子的。如果比较适合，孩子只是暂时性地坚持不下去，那么家长可以跟他商量："我们要不要再学五节课看看？"等到再坚持五节课，没准儿孩子已经养成了习惯，或者说最艰难的阶段已经过去了，孩子就愿意继续坚持了。

另外，家长要明白，有些技能并没有看上去那么容易，像弹钢琴、拉小提琴、拉二胡、弹琵琶等，都属于"慢工出细活儿"，学会、学好都比较难，孩子容易中途生厌。所以，家长也可以在练习前，跟孩子商量当天的任务：练多长时间休息一下，休息多少时间等。当孩子觉得这件事情不是"死任务"，而是凭着自己的喜好做的时候，自然会更愿意学习。

要是孩子已经学得比较久了，比如一两年，还是坚持不下去，怎么办呢？我建议家长要调整好自己的心态，如果孩子就是学不好，坚持不下去，要允许他放弃。不过是一个兴趣爱好而已，没有又能怎么样呢？

新东方创始人俞敏洪曾经讲过他女儿学钢琴的故事，他女儿八岁就考过了钢琴10级。当时，俞敏洪的太太给孩子加大了训练量，从原来的每星期练习1.5个小时，增加到每星期5小时。这使女儿的热情一下子没有了，纠结了大半年后，女儿跟爸爸说："我不学了，我对钢琴没兴趣了！"听完这话，俞敏洪也很纠结，觉得孩子这时候放弃有些可惜，但他最后还是尊重孩子的决定，因为他明白：当孩子已经表示没有兴趣了，再逼着她继续学，只会引起更多的逆反。后来有一天，俞敏洪陪女儿听了一场音乐会，之后他对女儿说："宝贝，你看你钢琴弹得那么好，不继续下去太可惜了。以后你上高中、大学，在同学聚会的时候，别人唱歌，你弹钢琴伴奏，大家就会觉得你很厉害，是不是？我们当时让你学琴，也是希望你将来能多一个陪伴。知道吗？每个人都会有孤单的时候，如果那时我和妈妈都不在你身边，能有一架钢琴陪伴你，你就不会感觉孤单了，因为你能倾诉。我也经常有孤单的时候，但我没有发泄情绪的渠道。有时，我特别希望自己能像你一样，会一种乐器，这样就可以把心中的郁闷、孤独弹出来、吹出来，我就会快乐很多。但是我不会，也没时间去学。所以，我不希望你将来像我这样，也希望你不要轻易就放弃钢琴。但是，我不会强迫你弹钢琴。"听了这番话，女儿后来又自愿去练琴了。

俞敏洪在面对女儿想放弃多年的兴趣爱好时，使用了特别聪明的方法——尊重，把决定权给孩子，在她实在不愿意学的时候，允许她停一停，甚至放弃。最重要的一点，是他在重新引导时，弱化了孩子学琴的压力，消除了孩子对学习钢琴的恐惧。所以，家长要弄清楚孩子为什么突然就没了兴趣，然后再重新唤起。

偶像崇拜该如何对待

通常孩子都会有崇拜的偶像，这是成长的需求。因为身体和心智的快速成长，他们内心自我价值感的需求和外部世界对他们的要求往往处于冲突的状态。他们发现，前一刻刚建立起来的信念，瞬间就会被外在世界的变化粉碎，可又不知道如何找到自己该去的方向。明星头顶的光环以及公众对他们的热捧会让孩子暂时找到心灵归宿，觉得那就是自己追求的目标，于是纷纷追逐和模仿。但过一段时间他们又会转移对象，因为心理上的冲突依然存在。

另一方面，孩子们特别需要同伴的认同。如果周围的同龄人都在追星，都在看明星们参演的电视剧、电影，只有他一个人不看，就会有种被孤立的感觉。为了能和朋友找到共同话题，融入伙伴之中，有些孩子"不得不"追星和追剧。

时代不同了，偶像崇拜也发生了变化。然而无论何时，青少年崇拜的偶像大多是公众人物——过去，在公众面前频频露面的是国家领袖、科学家，如今，因为媒体传播等原因，孩子们大多把歌星、影星等作为自己的偶像。

我女儿也是如此，她在不同的阶段崇拜的偶像也不同。

女儿小学高年级的时候特别迷恋S.H.E，还和班里另外两个女孩组成了类似S.H.E的少女组合，经常一起唱她们的歌曲。那时候女儿每天都在哼唱《Super Star》，就连我都把歌词背得滚瓜烂熟。

上中学后没多久，女儿就把S.H.E"淘汰出局"，开始成为周杰伦的粉丝。每天从网上下载周杰伦的歌曲，不厌其烦地听。2008年的五一，周杰伦在北京举行演唱会。还有一个月就要中考的女儿特别想去现场看演出，说是要亲自为偶像捧场。我费了好大的劲才从网上给她找了两张最便宜的看台票。就算是这样，她拿到票以后，也激动了好几天。

女儿当时是和另外一个女孩一起去看的演唱会，从场馆出来时，两个人的嗓子都哑了，却还跟我们一个劲儿地说："周董真是太帅了，我们要正式成为他的粉丝！"在演唱会现场，周杰伦唱哪首歌，她们也跟着唱，兴奋了还大声尖叫。两个小姑娘脸蛋红扑扑的，回家的路上一直在激动地描述着演唱会上的场景。那种狂热的劲头，平日里很少见到。

听完演唱会以后，女儿把周杰伦唱过的所有歌曲都下载到MP3里，方便随时随地听；只要周杰伦的新专辑一出来，她必定第一时间去买；床头贴上了周杰伦的海报，他导演和参演的电影一上映，也保准立马去看。

中学女生里有很多周杰伦的粉丝，一次女儿跟我说，她一个同学的妈妈随口说了句："周杰伦不就是'贼臭'吗，至于让你们那么痴迷他吗？"同学跟妈妈翻了脸。原来周杰伦的英文名是"Jay Chou"，那位妈妈只是音译了两个汉字跟女儿开个玩笑，结果却破坏了和女儿的关系。中学生崇拜明星偶像狂热的程度可见一斑。

起初，我跟大多数妈妈一样，对孩子们痴迷周杰伦这件事感到不解，因为周杰伦长得并不帅气，最早唱的那些嘻哈歌曲也压根儿听不明白。不过既然孩子们那么喜欢他，就说明他身上还是有许多吸引人的特质，只是我们没有发觉而已。

于是，我就在网上特意搜索了有关周杰伦的信息。发现原来周杰伦不光是歌手和演员，他还是音乐创作家、作曲家、作词人、导演。看了这些信息，我不禁对这个年轻的、酷酷的小伙子刮目相看，看样子他还真是实力派，并不是以外貌和一副好嗓子来取胜的。

再搜他的经历，发现他的星途也并不顺利。虽然从小就会弹钢琴，但是高中毕业后一直找不到工作，只好在一家餐馆当服务生，且因为性情木讷、经常出错而被老板扣薪水。后来在餐厅为客人弹钢琴凑兴，最后在一次比赛中被吴宗宪发现，慢慢走到台前。

周杰伦还患有严重的强直性脊椎炎，这个病非常痛苦，但他一直都在克服病痛，努力工作，成就了自己的卓越；他还非常孝敬妈妈，专门写了《听妈妈的话》这首歌，歌词恳切动人，很有教育意义。

越了解越觉得周杰伦是可以作为女儿的榜样的，他的许多优秀品质和传奇经历正好能够激励女儿努力学习。我明白，偶像的力量比我每天的唠叨要强大得多。

一天，在车上，女儿又在听歌，我问她是不是周杰伦的歌，她说正在听《听妈妈的话》，并把耳机的一头伸到了我的耳边。这首歌有很大一段是Rap（说唱音乐），第一次听的人一般听不清歌词，我就让女儿把歌词念给我听。听女儿念完后，我夸张地说："我以为他是个愣小子呢，没想到还挺有孝心的啊！"女儿便告诉我周杰伦如何孝顺，带妈妈去世界各地游玩，还在情人节给妈妈买花，自己不在的时候还托朋友给妈妈过生日，等等。可见女儿对周杰伦还是十分了解的。

我便又问："喜欢周杰伦是因为他有孝心吗？"

"只是一方面，当然还有别的了。"

"还有什么？"

"老妈，你可别认为我是觉得他帅才喜欢的。他其实长得不帅，眼睛太小了，但是挺有范儿的，而且他号称'中国嘻哈第一人'呢。"我明白了，这才是她喜欢周杰伦的主要原因。

周杰伦的有些歌虽然听不清歌词，但是嘻哈风格的歌曲节奏感很强，需要宣泄情绪的中学生应该非常喜欢。而且他酷酷的、有点玩世不恭的样子，确实别具一格，估计也是吸引广大中学生的一个因素。

"我办公室有个女孩也是周杰伦的粉丝，她说周杰伦成名之前其实挺苦的。"我开始引导她，打算和她一起挖掘周杰伦身上的其他品质。

"是吗？这我不知道，我只知道他在单亲家庭长大，家庭条件并不好。"

"我只是听了一下，也没有仔细了解。回头你上网查查，别连自己的偶像都不甚了解啊。"

"好嘞！"

回家后女儿果真上网把周杰伦的身世和成名经历都仔细查了一遍，一边查一边说："真不容易，真了不起，太神奇了！"

这时候，我真的不用再多说了，女儿对周杰伦的崇拜，已经由表面触及更深的层次了，她的内心已经为周杰伦的优秀品质和奋斗精神所震撼。我想，她既然那么喜欢周杰伦，一定会向他学习的。

更加令我欣慰的是，女儿因为喜欢周杰伦，也喜欢上了为周杰伦写了许多歌词的才子方文山，并购买了他的《关于方文山的素颜韵脚诗》来读。

明星是闪亮的公众人物，非常容易被青少年所追崇。女儿的同学中还有喜欢林俊杰、王力宏的，也有非常迷迈克尔·杰克逊的，我认为这都不是什么坏事。青少年喜欢某一个明星，就会把这个人当作自己的"精神伴侣"，不仅时刻关注这个人的动向，还会有意无意地去模仿他。对于这些，家长没必要紧张，反而可以利用这一点对孩子进行引导。每个人身上都有闪光点，明星也不例外。之所以能成为明星，除了舞台上能歌善舞，必然还有其他为人称道、积极向上的一面。家长不妨下一些功夫，和孩子一起挖掘偶像身上的闪光点，让孩子全面地了解他的偶像，以偶像为榜样，学习其长处，不断地完善自身。

我们不可能阻止孩子崇拜偶像，也不可能代替他选择偶像，但是我们可以帮助孩子发现偶像身上的闪光点，并鼓励他向偶像学习。

偏科贵在尽早纠正

那些在中考、高考中取得好成绩的孩子，有不少人并不是每科成绩都特别拔尖，而是各科都很均衡。而对于偏科的孩子来说，就算有一两科成绩非常好，也会因为某一科成绩过低而拖后腿，最终与理想中的学校失之交臂。

我自己读书的时候就深受偏科之害，常常在心里遗憾当年如果不是因为偏科，我一定可以考上一所重点大学。没想到，我女儿在中小学的时候跟我如出一辙，在数理化上花了大量时间和精力，依然学不好。这个阴影一直留在女儿心中，以至于她在填报大学志愿时，坚决不选那些要学习数学的专业。

虽然女儿通过努力，在高三的时候数学成绩赶了上来，高考也取得了不错的成绩，但她对偏科仍然心有余悸。不过，从她纠正偏科的经历来看，这个问题并不是

"不治之症"，完全是可以避免的，尤其从孩子小时候开始，防患于未然是非常必要的。

过去我觉得女儿是因为语言智能上占优势，所以语文和英语才学得好。现在我觉得就算智能上占优势，如果没有后天的培养，也不一定能取得好成绩。我女儿很小的时候，我就每天给她读儿歌、讲故事，并让她跟着我读或者复述我讲过的故事内容，这些都锻炼了她的语言能力。上小学以后，我也给她读过大量的书，很好地补充了语文的知识体量。语言本来是相通的，因为语文功底比较扎实，她一开始学英语也比较轻松，再加上每天晚上听英语磁带，经常看英语原版电影，给她创造了很好的英语环境。看上去我女儿的语文和英语学得很轻松，实际上她有很多积累。大量地阅读、看电影其实都是在潜移默化地学习语言。

而在数理化方面，女儿从小除了跟着老师学习课本知识以外，我们几乎没有对她进行过有意识的开发，也没有让她上过数理化类的课外辅导班。

这么想的话，女儿文科强、理科弱是有缘由的。欠下的总是要还的，就是因为小时候没有好好开发，女儿从初中到高一，几乎所有的课余时间都在学习数理化，学得焦头烂额还不得要领，最后分科的时候不得不选择了文科。幸亏当初有文理分科，如果不分科的话，女儿很难成为尖子生，最后也很难考入北大。即便是后来学了文科，她每天也会花费大量的时间来攻克数学，目的就是不让数学拖后腿。

我认识一个女孩，她也是偏科，只不过偏向理科。这个孩子的奥数学得非常好，曾经在北京市获过奖，小升初的时候也因为奥数成绩好，很顺利地被一所重点中学录取了。原来，女孩的爸爸从小就跟孩子玩数字游戏，还通过扑克牌训练孩子的计算能力。小学一年级时，他们便把孩子送到课外机构学习奥数，所以孩子的数学成绩非常棒，每天回家写数学作业，对她来说都是小儿科，很快就搞定了。但是，由于爸爸妈妈不经常让孩子读书、听故事，所以，作文就成了这个孩子的软肋。

由此看来，家长要想让孩子各科成绩均衡发展，避免偏科，就要提前做准备。

第一，在孩子小的时候要注重全面开发。

上面提到的女孩，她的优势在数理逻辑方面。如果爸爸妈妈能让她多读书，多在语言方面指导她，或许就不至于偏科了。我和先生也是一样，如果我们能早一点觉察到女儿在数理化方面的欠缺，有意识地在算术、数字、逻辑推理等方面引导女儿的话，就不会出现高中以后女儿为了高考拼命"纠偏"的情况了。

家长在早期引导孩子的时候，就要全方位引导，全面开发孩子的智能。另外，家长要仔细观察孩子，及早发现孩子潜在的优势和弱势。多在孩子的弱势上花些精力，并时刻关注孩子在弱势科目上的点滴进步，及时给予夸奖和鼓励，帮助孩子树立自信心。

第二，孩子出现偏科，要及时进行针对性辅导。

发现孩子某科偏弱，家长要及时辅导。比如我女儿数学比较弱，我们当时就应该多跟孩子做一些关于数学的活动，比如玩计算游戏、进行逻辑推理等。如果孩子的课业负担不是特别重，也可以考虑参加课外辅导班。

在有针对性地辅导孩子的弱势科目时，一定要注意知识的基础性和方法的趣味性，这是保证孩子自信和兴趣的前提。既然是弱势科目，就要从最基础的知识开始学起，让孩子逐步积累，积累到一定程度，孩子的成绩自然会上来，自信也会逐步建立起来。此外，对小学生来说，采用趣味教学法可以提高孩子的兴趣，取得好的效果。

反观我家的教训，就错在从难处着手。女儿的数学本来就差些，五年级的时候，我们为了提高她的数学成绩，直接把她送到了授课难度较大的华罗庚数学班补习，结果不仅于事无补，反而让女儿对数学失去了信心。在补习班里，别的孩子什么都会，她却两眼一抹黑。事实上，奥数也分难度层次，没有奥数基础或者特殊天分的孩子，无论年级高低，都需要从基础学起，才能起到锻炼思维的作用。针对性辅导，一定不能急于求成，或是"赶鸭子上架"强制进行。

第三，主动跟学校老师沟通，让老师激发孩子对学科的兴趣和热情。

女儿上小学的时候，我们找她的数学老师商量，通过老师给女儿"颁发奖品"的办法，激励女儿学习数学，效果还是不错的。那时候，女儿的数学比较弱，我就买了一些女儿特别喜欢的软陶小饰品送到老师那里，跟老师商量：当女儿数学有进步的时候，老师就悄悄把女儿叫到办公室，送给她一个小礼物作为奖励。女儿回来特别开心，后来也没有那么害怕数学了。

小学生比较听老师的话，如果家长和老师建立良好的关系，老师对孩子的帮助会非常大。

第四，避免偏科的同时，一定要保持优势科目的领先地位。

避免偏科要"扬长补短"。在弥补不足的同时，一定要注意保持孩子的强项，切忌为了补数学，把本来是强项的英语放松了。有的孩子在艺术方面非常有天分,本来可以走艺术的道路,家长却为了提高文化课成绩,让孩子完全放弃自己的爱好,这就是"捡了芝麻丢了西瓜"。

偏科并非天注定,可以通过全面开发孩子的智能来避免。即使孩子在日后的学习中出现了偏科现象,也不是"无药可医"。家长切忌"拆了东墙补西墙,捡了芝麻丢西瓜",不但弱项没补上,强项也落后了。偏科并不可怕,但也万万不可轻视。

孩子沉迷电子产品怎么办

如今，很多家庭都把手机和iPad当成孩子的玩具，孩子只要一闹，家长马上就拿出来给他玩。这种方法百试百灵，所以家长也用得不亦乐乎。可是，等孩子到了上学的年龄，家长就开始犯愁了：孩子对手机和iPad上瘾，严重影响到学习和生活，这可怎么办？

有的家长想尽一切办法阻止孩子玩手机，但是收效甚微。有一个小学生家长把孩子的手机没收了，可是没过几天，他就在孩子的书包里发现了另一部手机——是孩子自己买的。他为了玩手机，宁可不吃饭，把零用钱省下来买了一部手机。

你看，对于已经上瘾的孩子，单纯没收手机是没用的。更何况，在现代社会，手机已经成为孩子查找资料、参加课外活动、进行社交的主要工具，没收手机其实是剥夺了孩子日常生活中的很多资源。所以，家长只能想办法帮助孩子减少对手机的依赖，而不应该把孩子跟手机等电子产品完全隔离。

家长要想帮助孩子解决手机上瘾的问题，就要弄清楚孩子沉迷其中的原因，然后再根据具体原因进行有利的疏导。一般来说，孩子对手机上瘾是因为他跟现实世界缺乏联结。这种联结，包括和父母的联结，以及和伙伴的联结。比如，有些父母忙起来顾不上孩子，经常用钱或者其他物质去弥补，却很少关注孩子的内心，这就是跟孩子缺少心理的联结。孩子三岁以后，除了父母，还需要跟更多的伙伴交流。但是现在的家庭孩子少，一般都是独生子女，父母出于对居住环境和安全的考虑，通常不允许孩子放学后去找小伙伴玩，他也没有很多机会参加课外活动，所以课余生活非常单调。正是由于跟外界的联结得不到满足，孩子才会更依赖电子产品。

有一种奇怪的现象：越是学习不好的孩子，电子游戏玩得越好。很多家长说孩子"没把聪明用对地方"，其实不是的。在学习中得不到成就感的孩子，就会想通过游戏来博取关注。一个缺乏自信、低自尊的孩子，很容易对电子产品上瘾，因为他可能经常被批评，在学习中受挫，很难从真实世界中感受到自我价值和意义，因而只能在虚拟世界中寻找。而在电子游戏中，过关、战胜对手时就会有奖励的机制，正好能让孩子体验到力量和成就感。有的孩子甚至能通过玩游戏赚钱，这让孩子感觉自己很棒，能有所作为。还有的孩子，通过玩游戏结交了各种朋友，有时候还会接触到一些玩游戏的名人，甚至还在游戏中战胜了他们，这也会让孩子觉得自己很棒。那些学习不好的孩子，只有在玩游戏的时候才能找到自信，并且在游戏团体中体验到归属感。

还有一种原因：孩子在课余时间除了玩手机和iPad外无事可做。比如有一些孩子，很快完成了学习任务，空下来的时间很多，他可能喜欢踢球、缝纫等，有很多兴趣爱好，但是家长担心孩子"玩物丧志"，不想让他做任何跟学习无关的事情。这就导致孩子的课余生活非常单调，不学习的时候，除了玩手机和iPad，都不知道自己该干什么。

针对以上原因，建议家长可以试试以下方法。

第一，加强孩子与外界的联结，多关注和理解孩子，随时注意孩子的变化。

家长要尽量陪伴孩子，同时多为孩子创造一些跟同龄人玩耍的机会。我女儿小时候，每天写完作业，我们一家三口总是一起做游戏。到了周末，我经常和她同学的家长一起带孩子们去爬山。孩子们玩得非常开心，压根儿就想不起来电子产品。

如果孩子已经被电子产品吸引，甚至离不开了，那么家长可以用关爱的方式和孩子建立联结。比如有一位妈妈，看到儿子玩游戏玩得很起劲，就洗了一盘樱桃端过去，坐在儿子身边喂他吃。没多久，儿子就主动关掉了iPad。

当孩子特别想玩的时候，家长要站在孩子的角度，理解孩子。有个孩子眼看要考高中了，心里却放不下游戏，因为他在游戏里玩到了很高级别，有一大批来自全国各地的粉丝。但是，这个孩子又想把学习搞好，为此很烦恼。孩子的妈妈很有智慧，她看到孩子这样，没有指责他，而是用幽默的方式来分析孩子的内心。

妈妈开玩笑似的说："儿子，我能感觉到你内心有好多小人在打架，是吗？"

儿子问："什么意思？"

妈妈说："有一个爱学习的小人说，你要好好学习呀，要不然就考不上好高中了；另一个想玩游戏的小人说，玩游戏吧，游戏比学习快乐多了；还有一个喜欢打球的小人说，跟同学们去打篮球吧，打篮球能让你身体强壮……"

结果妈妈的话还没有说完，儿子就激动得给了妈妈一个拥抱，说："好妈妈，你怎么这么了解我？真的就是这样，好矛盾啊！"

妈妈接着说:"我知道你现在的内心就好比在召开一个多人舞会,让你不胜其烦。不过,你是那些小人的领导,该怎么做,由你说了算!"

孩子直点头,妈妈进一步引导:"我知道你非常希望自己学习好,也知道你游戏玩得很好,已经玩到很高级别了。那我们来看看该如何协调时间吧。"

于是,孩子请妈妈监督他,当他玩得收不住的时候,妈妈就去提醒他一下。用这样的办法,最后收到了意想不到的效果。

家长对孩子的理解很重要。孩子控制不住的时候,家长讲大道理或者指责孩子,不仅解决不了问题,反而会把孩子越推越远。

第二,让孩子获得高自尊感。

所谓"高自尊感",就是一个人感受到自己很棒,觉得很有力量。每个孩子都需要从认可和肯定中获得这种感觉。但是有些孩子,尤其是那些学习成绩不好的孩子,在现实生活中常常收到来自家长或老师的否定。为了让自己舒服一点,这些孩子只好转向别的地方寻求自尊感,电子游戏正是他们找到的最好的出路。就像一粒种子发芽后努力向上长,却被石头压住了,它很难正常发展,只能从石头的缝隙里钻出来。请家长想一想:自己是要做那块压住孩子的石头，还是做搬石头的人呢？如果是后者，家长就要在孩子困难的时候多理解和接纳他，在孩子成功的时候多认可和肯定他，让孩子在现实生活中也能体验到高自尊感，他就不会沉迷于虚拟世界了。

第三，引导孩子做一些有意义的事情，让他的课余生活变得丰富。

假如孩子在做事情的过程中能获得更多乐趣，他自然就不会把大量时间花费在网络上了。

我女儿小时候偶尔也玩电脑，但是并不迷恋，因为她兴趣广泛，很多有趣的事情把她的时间都占满了。比如，女儿从小喜欢读书，每次一放长假，我都会带她去书店买书。因为书是她自己挑选的，阅读起来兴趣比较高。每次她只要捧起一本书，就会一口气读下去，花费大量的时间，玩电脑的时间相对就少了。除了读书，女儿还喜欢做手工、运动等，有这么多事情够她忙的，她也就顾不上玩电脑了。

第四，家长要注意孩子的习惯培养。

在孩子面前时，家长自己要少玩手机和电脑。我建议家长把玩手机和电脑的时间改为读书时间。小一点的孩子，家长可以带着他阅读，这样既培养了孩子读书的好习惯，同时还能让亲子关系更和谐。

结合习惯的培养，家长还要给孩子设立界限。比如，规定周一到周五不玩手机和电脑，周六和周日可以玩三个小时。孩子从小养成好习惯，大一点就会好管得多，所谓"少成若天性，习惯成自然"。

总而言之，家长要想帮助孩子合理使用电子产品，就要了解孩子的内心需求，有智慧地引导孩子。我特别想跟家长说的是：孩子的行为问题往往都出自心理需求，纠正他的行为，要先从心理需求上做工作。

第五章

天才在左
教育在右

作业

很多时候,
家长只是把问题放大了,
没有看到孩子的优点,
也没有看到孩子正陷入困境,
需要帮助,才会急于评判。

Q：儿子小学一年级，做作业拖拉，总爱先玩一阵再写，经常做到很晚。该怎么办？

A：一年级的小朋友还处在从幼儿园到小学的过渡阶段。幼儿园时期比较自由，没有什么作业和限制。但是一上小学，学校里有学习任务，对孩子来说就没有那么自由了。在这个阶段，家长首先要引导孩子养成习惯，帮助他从自由自在的幼儿园状态，进入到按时去学校、上课、回家后写作业的小学状态。

你可以跟孩子说："宝宝，你现在是小学生了，小学生是有任务的，老师每天给你布置的作业，需要你自己完成。爸爸妈妈希望你每天放学后可以先写作业，如果你在我们回来之前完成，爸爸妈妈就可以和你一起玩了。"我女儿小时候，我们会一起拼拼图、玩扑克牌。家长可以用这样的方式吸引孩子，让他快速地把作业写完。

孩子在学校里被约束了一天，放学回家后，可能想先玩一会儿，家长可以跟孩子做约定，跟他说："宝贝，你下午3点半放学，回家可以玩半个小时，然后就要去写作业。"家长在家的时候可以监督他；不在时，可以教孩子用特定的方式自我监督。比如教孩子定闹钟，3点40分回到家，允许他玩半个小时，教孩子把闹钟定到4点10分，闹钟一响就要立刻去写作业，爸爸妈妈回来后再一起玩。

这样做，一方面能让孩子养成好习惯；另一方面，对孩子的成长也有好处，让他变成一个对自己负责的人，不用家长盯着。孩子在这样的教导下，慢慢就可以不必再依赖家长了。

Q：孩子跟不上课程进度，作业不管对错，写完就算。现在他四年级，每科成绩都不好，尤其是数学。我想教他，可一方面他课余时间在学书法，另一方面我要带他妹妹。应该怎么办？

A：孩子那么多功课都不会，是特别需要帮助和支持的，却没有让家长帮忙，矛盾从何而来呢？我认为是孩子和家长的关系出现了一些问题。家长本应是孩子最亲近的人，是他遇到困难时第一时间寻求帮助的对象，但这个孩子却没有这样做。我猜测，可能是因为平时他遇到问题时，家长的态度不够好。他在学校成绩不好，跟不上进度，已经很难过了，回到家里，家长如果还继续责怪，给他增加负担，对孩子来说无疑是雪上加霜。所以他宁愿自己难受，也不愿意向家长开口，这样做其实是在保护自己。

此外，这位家长说孩子课余时间在学书法，我不太赞同。其实，当孩子在课内事情都做不好的时候，课外的事情可以先放一放。因为如果课外的事情也做不好，会加倍打击孩子的自信心。

如果家长想要改变这种状况，首先要做的就是放下评判。家长描述的都是孩子的缺点，但这个孩子就没有优点吗？一定不是。家长要多寻找孩子的优点，及时地给予他认可和肯定，孩子因为这样或者那样的原因在某些事上做得不够好时，也尝试去接纳。越是遇到困难的孩子，越需要家长的理解。多一点认可和支持，就会在心理上和孩子建立起亲近感。

孩子的问题不是问题，怎样看待孩子才是问题。没有一无是处的孩子，很多时候，家长只是把问题放大了，没有看到孩子的优点，也没有看到孩子正陷入困境，需要帮助，才会急于评判。

孩子现在四年级，算是小学高年级了，但对于他漫长的人生来说，一切还来得及。当他遇到难题需要帮助的时候，家长不要草率地给孩子贴标签，更不要因为他身上的某个缺点就认为他不够优秀，而是要把焦点放在帮助孩子解决问题、改正缺点上。

Q：儿子开学读二年级，上学期突然出现乱写作业的情况，不读题就想当然地写答案。我跟他说认真做就可以少写，以示鼓励；错误多就要多写，以示惩罚。他答应得很好，做起来却还是我行我素。有什么好的建议可以让他认真对待作业吗？

A：小朋友开学二年级，目前就是一年级，不读题可能是因为他压根儿就读不懂，毕竟一、二年级小朋友的识字量不大，理解力也没有那么强。如果是这种情况，写作业时是需要家长陪伴的，等孩子真正会读题了家长再离开。陪学的时候，家长一定要有耐心，不要动不动就对孩子指指点点，否则他就会宁愿自己糊弄，也不想让家长帮忙了。

如果孩子本来会读题却不读，家长就要思考孩子草草了事可以得到什么好处，这个好处一定是超越了他认真读题再写可以获得的好处，他才会这么做。因此，在孩子认真写作业的时候，家长要打心眼儿里认可和鼓励他。可以这样表达："宝贝,我看你今天每一道题都是非常认真地读明白才写的,我真心为你感到骄傲!"如果想让他继续保持,就可以告诉他:"如果这个星期你都可以这样做的话,周末咱们一起去动物园玩。"去动物园只是个例子,总之,给孩子适当的奖励会让他更有动力,而且这个奖励要是他特别期盼的。

一、二年级的小朋友一切才刚刚开始,处于养成习惯的关键时期,家长要耐心给予帮助。

成绩

无论如何,
家长支持孩子,
让孩子感觉到自己并不糟糕,
才是最重要的。

> Q：直到三年级上学期，孩子成绩都还可以，但下学期成绩下降很明显，原因是懒懒懒，实在太懒了。数学题目懒得做，语文字词懒得写，英语单词懒得背。一再叮嘱强调都不行，我该怎么抽掉他这根"懒筋"呢？

> A：孩子一、二年级的时候成绩和表现还行，三年级后开始下降，表面看起来是孩子太懒了，但家长需要做的是仔细回忆，在哪个时间点，发生了什么事，才让孩子变懒了。是因为功课太难，孩子搞不定了，还是对学习没有兴趣了？是孩子的身体出现了问题，抑或是遇到了其他事情，情绪有问题了？

我能感受到家长的焦虑，给孩子贴了一个大大的标签，三个字：懒懒懒。但这股抱怨的情绪对孩子来说是很有杀伤力的。

心理学上有一个概念叫暗示。举个例子，如果家长长期说孩子懒，孩子就会觉得自己是真的懒，继而呈现出懒的各种状态。因此，家长要先撕掉心里的标签，接受孩子当下的状态，耐心地去看看他到底怎么了，找到问题的症结，有针对性地帮助孩子。

那应该怎么做呢？

第一，和孩子建立起良好的亲子关系。建立关系的关键在于家长是否真正带着爱和孩子建立联结，能否给予他足够的安全感。

第二，建立关系后，和孩子商量如何做并给予帮助。也许他需要陪伴，也许他需要监督，那家长就可以陪伴他学习一段时间，而不是仅仅叮嘱他来做。因为他现在遇到了困难，很可能没办法自己做到。

第三，允许孩子有做不好的时候。当孩子犯了错，家长要做的是帮助他改正，而不是一味地责骂。

Q：孩子进入高中后每天都熬得很晚，但成绩还是在下滑，也不让我陪学，我很着急，不知道该怎么办？

A：孩子成绩下滑了，但还是每天晚上打开书熬得很晚，说明他其实是上进的，这一点值得欣慰。作为家长，要先给予肯定。

针对成绩下滑这个问题，很多孩子都是这样，初中的时候成绩不错，但一上高中，就明显降下来了，我女儿当时也是。从一个学习阶段到另一个更高级的学习阶段，功课明显变难，孩子也需要适应期。如果他上的是重点高中，在高手云集的地方，就更容易发生成绩下滑的情况。和周围都很厉害的同学比起来，他的成绩没那么出众，实际上并不是他变差了。家长要允许孩子有暂时的适应期，他在学校里可能已经因为自己的排名而焦虑自卑，所以家长不要表现得比孩子更着急，避免对他的自尊心造成二次打击。

另外，孩子不让陪学是很正常的，学习本来就是孩子自己的事情。上了高中，家长就更没必要再陪着他学习。一方面，高中的课程很难，大多数家长都没能力教，陪着也没用。另一方面，从心理发展的角度来说，高中生正处于青春期，渴望有独立的空间，喜欢自由，这个时候如果家长硬要陪在旁边的话，孩子会觉得很不自在，产生逆反心理。所以，我建议家长把学习的问题交给孩子自己去处理。家长要做的，就是空闲时间和他聊聊，问问他在学习或者生活上有什么样的需求，然后在合理的范围内尽量满足他，其他的事不用考虑。

和孩子建立了亲近感以后，在他愿意的时候，再一起看看学习上有哪些地方是需要家长帮助的。家长能教就教，教不了的可以给孩子找辅导老师。当孩子从家长这里得到支持，学习问题又可以解决的时候，就会慢慢变得主动，成绩也会逐渐提高。

> Q：儿子今年9岁，很喜欢读书，读得速度也快，但经常有丢字漏字的现象，中英文拼写也有困难，不知道这是不是读写障碍。我该怎样帮助孩子渡过难关？
>
> A：就我了解，大概有5%～10%的孩子在小学阶段有读写障碍。也就是说，有很多小学生分不清英文字母、数学数字，这是常见的现象，大部分随着年龄的增长都能不治而愈。

　　有些孩子读写能力较弱，但对于图形、画面的感觉却很敏锐，那么通过一些图画方面的训练，读写能力也可以得到提高。比如，孩子对于汉字的认知不是很清晰，家长可以把汉字放大，做成图片挂在墙上，让孩子天天看，他就能慢慢地克服读写方面的问题。

　　从这位家长的描述来看，孩子读书读得快，意思也能理解，所以读写障碍并不严重，家长可以放宽心。

　　另外，家长也要在心态上帮助孩子，不要把读写问题放大，影响他的自信。很多名人都曾有读写障碍，比如爱因斯坦、爱迪生、达·芬奇，还有漫画家朱德庸，但他们最后都在各自的领域里很成功。一般来说，读写有障碍的孩子，在其他方面会比较强。朱德庸就是在画画方面非常优秀，他小的时候因为有读写障碍，很多学校不愿意收他，但是他的爸爸没有放弃，一直鼓励他画画，给他买画具、裁画纸。他能成为优秀的漫画家，和爸爸的帮助密不可分。

家长要多观察孩子，看他比较擅长哪个方面。孩子喜爱读书、阅读速度快，都是很好的优点。家长可以着重引导孩子发展优势，帮助孩子不因为读写困难而自卑，让他明白自己在某些方面也是比别人强的，建立起这样的信念后，再在读写问题上给予帮助。

> Q：孩子从小比较听话，三年级以前学习一直是中上等，四年级以后就渐渐力不从心了，数学成绩一次不如一次。他平时写作业时间比较长，周末才有时间补课。现在我越来越焦虑，感觉孩子差得太多了，他自尊心很强，我也能体会到他的痛苦无助。该怎么帮助他呢？

> A：可以感受到这位家长焦虑背后浓浓的爱，但我想说的是，要先把孩子这个人和考试成绩分开。

家长首先要有明确的信念：就算成绩不好，他依然是个好孩子。每个孩子都很独特，有智能上的差异，没准你的孩子在数学方面的天分就是差一些。当你抱着这种信念的时候，就不会因为孩子成绩不好而那么沮丧了。

我经常接触到类似的案例，家长对孩子的学习没有那么紧张焦虑的时候，孩子的痛苦和无助也神奇般地消失了。只有感受到家长的爱和接纳时，孩子的心才会安定下来，真正和美好的生命联结，我想这是所有家长都想要的。

每个孩子都有上进心，当孩子的心安定下来后，我们再聚焦于他的数学学习。如果成绩不好是受情绪的影响，那么解决情绪问题后，再找个好老师点拨一下，很快就会有所提高。如果是孩子的数学思维还没有开窍，就要想一些方法，让他先对数学产生兴趣。家长一定不要着急，要允许孩子经历从不会到会的过程。

无论如何，家长支持孩子，让孩子感觉到自己并不糟糕，才是最重要的。

考试

孩子的心智发展是一个过程，
这个阶段不理解的知识，
可能下个阶段就理解了。
家长不用太着急，
也不用刻意去训练孩子。

Q：孩子今年初二，每次快考试的时候，就开始紧张。在家里懒得说话，有时候脾气又特别暴躁。他在班里成绩排前几名，平时表现很好，父母也没有给他什么压力，不知道这种情况是为什么，怎么才能帮助他？

A：考试前紧张是一种很普遍的心理，很多孩子都会有，之所以会这样，是因为他们从小就被大人们传递了一种信息——考好了就是好孩子，否则就是不够好。成绩不好的孩子常常被拿来和成绩好的孩子作比较，有时还会遭到批评甚至责骂，这样的评价机制导致很多孩子害怕考试。尖子生怕排名下降，落后生怕自己考不好又会有很难堪的体验。

实际上，考试只是学习的一个环节，而不是学习的目的。学习一段时间后考试，目的是查漏补缺，检验一下前段时间的学习效果。学得好，可以提高学习难度，顺利进行下一个阶段的学习；学得不太好，可以根据考试情况把之前没有掌握的知识进行巩固。

面对这种情况，一方面，家长要在孩子有情绪的时候及时给予陪伴。当孩子紧张时，不要只是告诉他"你不要紧张"，这是没有用的。可以坐下来，跟孩子探讨是什么让他那么紧张，让他明了自己的内心到底是如何活动的，帮助孩子转化那些不合理的想法。如果脑海中一直有类似"我一定要考前五名"这样的想法，那这个孩子考前必然会焦虑。家长要做的，就是帮助他转变信念，让他认为"我是为了获得知识才学习的，考多少名并不重要"，那么孩子就会把注意力集中在平时的学习而不是应付考试上。

另一方面，要告诉孩子，考试分数绝不是评判一个学生好坏的标准，而是用来衡量他某一阶段学习成果的，让孩子把考试当作学习的一个环节而不是结果。

Q：孩子马上中考，模拟考发挥失常，数学成绩比平时低了十几分，导致总排名下降很多。我觉得一次考试失利并不代表什么，但他很紧张，怎么安慰他似乎都不起作用。当孩子没有考好时，家长如何做才能真正帮助到他呢？

A：初三、高三的孩子即将参加中、高考，和其他年级的孩子相比，他们面对考试失利时的心情有很大不同。有关自己的前程，自然会格外焦虑紧张，这是人之常情。面对升学的压力，他们情绪的变化其实是一种自动化的防御机制。家长要理解和接纳孩子的紧张和焦虑，不说"没关系""没有什么"这样的话，因为说出这样的话对他们来说已经是有关系了。家长要做的是帮助孩子调节情绪，让他以良好的心态迎接接下来的大大小小的考试。那么具体该怎么做呢？

首先，家长先要稳定自己的情绪。面对中、高考的压力，孩子紧张是一件正常的事，但如果家长也表现得十分焦虑的话，就会加剧孩子的紧张情绪。家长要坚定一个信念：中考也好，高考也罢，不过就是孩子漫漫人生路上的一个节点而已，没有什么大不了的。坚定这个信念后，就会对孩子的考试成绩、进入哪个学校没有那么高的期待了。从我的经验来看，家长淡定从容会帮助孩子稳定情绪。家长该工作就工作，该吃吃，该睡睡，孩子看到爸爸妈妈没有因为自己的考试而受影响，内心也会轻松一些。所以，家长没有必要放下自己的事情专门照顾孩子，这样反而会让他觉得如临大敌。

有时，孩子因为考试成绩下降而情绪低落，家长沉默地给予一个拥抱，或者轻抚他的肩膀以示安慰，可能比说一箩筐话都管用。我女儿高考前也有过同样的经历，一模考得不好，心情也差到极点。知道模拟考试分数的那天，她饭也吃不下就回屋去了，我并没有说什么。去到她屋里，看她趴在床上一动不动，我轻轻地坐在她旁边，把手放在她的肩膀上摩挲着，用我的手告诉她：妈妈知道你很难过，妈妈在这里陪着你。结果她哇的一声就哭出来了，起身搂着我的脖子哭了好半天，跟我说："妈妈，我好难过，我快绷不住了！"我抱着她，拍着她的后背，告诉她："我知道，我知道。"发泄了一会儿后，她的情绪就平复下来了。

孩子情绪稳定后，如果他愿意，再和他探讨考试的问题。我没有和女儿分析试卷,因为我并不懂多少,只问她是怎么看待这次考试,又是怎么看自己的。在一问一答中,孩子就清楚了自己的内心。我并不做任何评价,只是听她讲。当我可以看到她的内心,并且理解她的时候,她的难过就越来越少,反而可以安心地去思考学习了。

> Q：孩子二年级，学习倒是很认真，知识点也能掌握，但有时候考试读不懂题干，这样的情况会不会随着孩子年龄大些而变好？还是我平时应该给他额外训练一些卷子？

> A：二年级的小朋友的确会有对题目理解不到位的情况发生，有讲解时可能明白了，但当他自己读书面文字的时候，就又搞不懂题干表达的意思了。刚开始学习语文，对有些知识点的表述不太理解，这很正常。

举个例子，二年级的小朋友开始学习除法，"除"和"除以"的区别，孩子可能就分不清，做题的时候就会出现问题。再比如，大人听到"小明把花瓶打碎了"和"花瓶被小明打碎了"，会很清楚这两句话表达的是同一个意思，但是小孩子可能就理解不了。如果孩子遇到这类问题，家长要在语言文字的理解上给予帮助。

针对这位家长的问题，我不建议给孩子做额外的卷子，或者刻意地在阅读理解方面增加训练。为什么这么说呢？

首先，额外的课业负担容易让孩子产生逆反心理，觉得这不是他分内的事情，就不愿意做。其次，对于低年级孩子来说，阅读理解不到位很正常，家长不必焦虑，很多孩子都是这样，我女儿小时候也是。她学拼音拼写由元音字母和辅音字母组成的"wu"时，总是不知道"w"和"u"哪个写在前哪个写在后，我教了她好几次她还是分不清，我索性也不再教了。结果三年级的时候，她自己就会了。

孩子的心智发展是一个过程，这个阶段不理解的知识，可能下个阶段就理解了。家长不用太着急，也不用刻意去训练孩子。在他遇到问题的时候可以教一教，教不会的，就等一等，给孩子一些时间，让他自己学会。

> Q：孩子六年级，学习成绩一直名列前茅，但其实他很厌烦学习，不爱写作业。而且考试前很焦虑，怕自己考砸，有点儿完美主义倾向，总是怕事情做不好而不敢尝试。我怎样做才能让孩子不抵触学习，激发他内在的学习动力，让他不害怕失败呢？

> A：我将从两个方面解答这个问题：抵触学习和完美主义倾向。

我们先来看看是什么让孩子那么厌烦学习。对孩子来说，学习意味着什么？如果学习能带来收获，带来成就感和愉悦感，又怎么会厌烦？但如果学习这件事是枯燥的、机械的，从中得不到任何乐趣，那厌烦学习就是自然而然的了。

孩子的生命能量需要在许多地方得到释放，心理需求也要在许多地方得到满足。教育专家孙瑞雪认为，建构完整的自我需要很多内在资源，比如身体、情绪、感觉、心理、认知、精神等，而学习只能满足认知资源的需求。如果孩子不能在各个方面得到全面的滋养，生活中只有学习这一件事情，那么他的生命便是不完整的。

生命的内在需求是全面的，当这些内在需求不被满足的时候，便会出现行为和情绪上的问题。这是普遍的现象，如果这个孩子也是这样，那我建议家长要注意他的全面发展，而非只关注学习。当孩子的生命完整了，学习态度自然会发生改变。

我们再来看完美主义倾向。一个孩子追求完美，想考高分只是表象，他内心真正想要的是什么？或者说，当把事情做得非常好的时候，他在心理上可以获得什么样的满足？毋庸置疑，是被认可、被肯定。只有把事情做好了，他才可以体验到自我价值和存在感，于是就拼命地追求完美。

为什么会这样？也许有天性的因素，但我认为，更多的是家长虽然没有明确说明，孩子却感觉到的隐性要求造成的。比如，妈妈对自己要求很高，或者妈妈对爸爸的要求很高，孩子只是看着妈妈在日常生活中的态度，便认为自己一定要做得很好才能达到标准。

如果是天性的因素，家长就要把"每个人的能力都是有限的""做不好并不代表你不好"等信念不断植入孩子的信念系统，当孩子做得不好的时候，让他知道其实这并没有什么大不了的。如果家长本身也有完美主义倾向，那就需要家长先做出改变，再来带动孩子了。

习惯

面对黑暗,
不是驱赶黑暗,
而是亮起一盏灯。

> Q：孩子今年读五年级，从小喜欢看书，但最近开始迷恋网络小说，这种书没什么营养，有的内容也不适合他这个年龄段。和他沟通过，但是收效不大。该如何引导孩子选择适合的书籍呢？

> A：家长对孩子看书的内容有自己的要求——有营养、内容适合。但这些想法是属于家长的，孩子并不一定认同，面对彼此不同的想法，家长要注意处理方式。

如果家长只是一味地要求孩子按照自己的想法去做，很可能造成孩子的逆反，他们不仅不会停止看网络小说，还会见缝插针偷偷地看，我想这绝不是家长想要的。

我周围也有类似的事情发生。一个孩子上初中时，会半夜躲在被子里偷偷地看网络上那些同性暧昧题材的小说，妈妈焦虑了很长时间，甚至因为这个事情破坏了亲子关系。后来妈妈寻求过很多帮助，也进行了学习。为了理解孩子，这位妈妈也试着看了一些，还开始和孩子交流小说中的内容。当妈妈越来越理解孩子的时候，孩子也会主动把自己的想法告诉妈妈，亲子关系也就越来越融洽。改善了亲子关系后,妈妈便把自己的想法告诉孩子,建议她在阅读自己喜欢的书之外再读一些经典著作或者跟自然科学相关的书籍,孩子欣然接受。考高中时,孩子自己有了目标,就放下了那些网络小说,并且考取了当地最好的高中,那位妈妈很是惊喜,从没有想过孩子能取得这样的成绩。

五年级的孩子已经接近青春期,最需要的就是独立、自由,他们的归属感更多是从同伴中获得。如果他的同学都在阅读一类作品,他不读的话,就会感觉跟同学没有共同语言,会产生孤独感。因此,家长有必要尊重和认可孩子的选择,先建立良好的亲子关系,再逐渐用自己的想法影响孩子,否则往往会适得其反。家长要相信孩子内心有向上、向善的追求,要在尊重孩子选择的基础上,添加我们认为好的东西。切忌为了阻止孩子而粗暴地采取没收手机、掐断网络等方式,破坏亲子关系。

当然,家长也要留心观察网络小说对孩子的影响,然后根据具体情况分析如何帮助他们。如果孩子阅读的作品的确很低俗,也要想办法先建立好亲子关系,和孩子成为朋友,然后给他们购买内容健康又丰富的书籍。当孩子真正感受到好书对自己产生的积极影响时,就会慢慢放下网络小说。毕竟"面对黑暗,不是驱赶黑暗,而是亮起一盏灯"。

写作

多一点欣赏的眼光,
多看看孩子做到的那些部分,
而不要只盯着孩子没有做到的部分。

Q：女儿现在四年级，阅读习惯很好，假期我也会带她出去旅游，可是在写作文时，发现很多题目都是她没有经历过的，结果只能像写小说一样虚构情节。这种情况该如何改善呢？

A：我想问家长朋友们一个问题，如果你是一位四年级的小学生，面对没经历过的作文题目，你会怎么做？如果是我，我可能也会发挥想象，虚构一些情节。这样我的作业完成了，文章也写得生动有趣，不是很好吗，为什么要改变呢？

面对这种情况，家长要先予以鼓励，千万不要打击孩子的创作热情。可以夸奖她把没有经历过的事情写得栩栩如生，想象力丰富。甚至可以告诉她，将来有当小说家的潜质，因为小说虽然都是虚构的，却非常有趣。这样的认可和肯定，会让孩子感觉到她很棒，对自己的写作水平充满信心。对于没经历过的作文题目，有机会的时候让她去体验就好了。成长中的孩子，任何事情都会遇到的，不必急于一时。

我常常觉得家长们焦虑的问题太多了：孩子成绩不好的家长焦虑学习问题；孩子成绩好的家长焦虑生活问题；对于那些成绩和生活习惯都很好的孩子，家长又焦虑孩子的身体问题。总之，满意的时候特别少。

多一点欣赏的眼光，多看看孩子做到的那些部分，而不要只盯着孩子没有做到的部分。

兴趣

如果把孩子不感兴趣的东西强加给他,
他虽然迫于苦口婆心的劝说勉强答应,
但内心不喜欢,
收获自然很小。

Q：孩子9岁，一直对英语比较感兴趣。三年级之前上的口语班主要是训练听、说、读的能力；三年级以后转为应试辅导，孩子一下子失去了学习兴趣，不愿意去上课了。我知道兴趣是最好的老师，所以考虑把他送回口语班，却又担心现在让他舒服随性，上中学后会跟不上。该怎么选择呢？

A：课外辅导班，要根据孩子的兴趣和擅长程度来报。对孩子来说，他非常清楚哪些是分内的事情，哪些是额外的。给孩子报课外班，本来就是额外的学习，如果课程还比较难，孩子有抵触情绪也是自然。

拿我女儿学习英语的经历来说，我觉得年龄小的孩子还是应该以听、说为主，如果要让孩子记单词，需要增强趣味性，选择有效的方法。

我女儿上小学三年级的时候，也有过背单词困难的经历，但在我的陪伴下，顺利渡过了难关。当时，我是通过让女儿掌握发音规则的方式帮助她记单词的，同时也没有放弃听力和会话训练，除了让她听英语磁带之外，每周还陪她看英文原版电影。

至于孩子上中学后能不能跟上，需要用发展的眼光来看待。孩子上中学后会是什么样子谁也不知道，而他当下的感受才应该是我们特别看重的。

> Q：孩子12岁，喜欢做思维训练的题，但不喜欢数字计算；喜欢阅读，但只看故事情节，不喜欢总结。另外，一说到学某个技能或者报兴趣班，他只要想到过程中要付出努力就拒绝，即使家长最终说服了他，也是勉为其难，收获甚少。该如何帮他调整过来呢？

> A：孩子最知道自己喜欢什么，他喜欢思维训练，喜欢阅读，但是不喜欢别的东西，这就是事实，是孩子真实的感觉。如果把孩子不感兴趣的东西强加给他，他虽然迫于苦口婆心的劝说勉强答应，但内心不喜欢，收获自然很小。

我曾经见过一个男孩，妈妈每年花很多钱给他报课外班，但他就是没有进步。后来妈妈找到我诉苦，我就问男孩是怎么回事，男孩说："阿姨，你以为我妈是给我报班吗？她是给自己报班的。那些班我都不喜欢，每周我去上课简直就是折磨。"

家长的出发点都是一样的，希望孩子多一项技能，多学些东西。那么可否先问问孩子到底喜欢什么，想学什么，然后再投其所好地为孩子报课外班呢？

其实不一定非要报班，如果孩子喜欢做某些事情，给他提供机会和条件就好了。比如孩子喜欢天文观测，家长不妨用报课外班的钱给他配置一套天文观测的设备。这样不仅满足了孩子的爱好，他还会感觉父母是了解自己的。很多名人就是在小的时候坚持爱好，最终取得了成功，比如美国的莱特兄弟，小时候钟爱鼓捣各种机械，最后发明了飞机。

建议家长尊重孩子的爱好，让他们做自己喜欢的事情。没准孩子在自己爱好的事情上发展下去，真成就了自己将来的事业。

Q：孩子就要上初二了，我发现他对生活和学习总是懒懒的、倦倦的，凡事总看到消极的一面。我平时想方设法让他阳光朝气起来，效果却不理想，他身上缺少一种正能量。该怎么办呢？

A：孩子的行为只是表面现象，到底是什么让孩子懒懒的、倦倦的呢？如果一个孩子凡事总看到消极的一面，说明他对很多事情都不抱希望，这样的世界观、人生观来自哪里呢？从家长的描述里可以看出孩子似乎有些抑郁的情绪，这是他外在呈现的应对方式，是内心诉求不被满足的一种表现。

根据埃里克森的八阶段理论，初二的孩子正处于青春期，这一阶段的孩子最大的危机就是认识自我。青春期的孩子常常处于矛盾和纠结中，身体长高了，也学习了很多知识，总感觉已经长大，可以自己做主了。但同时又发现在很多事情上仍有困惑无法解决，内心就会产生冲突和纠结。

在孩子的青春期阶段，如果有一个人可以陪伴他，和他一起就社会或自身问题进行探讨，倾听他内心的渴求并表达对他的支持，孩子就会慢慢清楚自己到底是一个什么样的人，有什么样的特质。在这个人的引导下，孩子渐渐明白自己到底要什么，可以做什么，建立起角色的统一性后，内心就没有那么多矛盾和冲突了。这个时候，孩子会处于"整个人在一个和谐一致的状态里"，如此，他才会逐步明确自己的目标，同时又可以在当下为目标而努力。

孩子的自我认识是一个从混沌到清晰的过程，其间有很多东西需要他体验、理解，因此在这个过程中，人生导师的支持是非常重要的。如果家长刚好可以担任这一角色，对孩子来说是非常幸运的事情。

我想这个孩子就正处于青春期的混沌中，不明白自己到底是谁、要去哪里，所以才没有做事的动力。建议家长不要着急，先想一想自己在心里是如何看待孩子的，他身上有什么特质是你喜欢和欣赏的。然后，找机会好好跟孩子聊一聊，真正走进他的内心，看看他每天都在想什么，有什么样的需求没被满足，他对自己的人生有什么样的规划和理想，如果遇到阻碍的话，他希望身边的人如何帮助他……

我相信只要家长愿意提供支持，孩子是会变得积极阳光的。

老师

既然老师对孩子的影响这么大,
家长就要想办法让孩子
也喜欢上其他科任老师,
让所有老师都成为孩子的资源。

Q：儿子今年小升初，六年级下学期因为太过调皮被老师调到最后一排，他不能接受，就破罐子破摔，在学校行为叛逆，回家后学习兴致也不高，最后毕业考的成绩不太理想。我们告诉他，如果面试成绩高应该还有机会，他听完后立即信誓旦旦地说要学习，但真要开始复习时，就找各种借口。应该怎么帮助他呢？

A：这位家长其实是提出了两个问题。第一个问题有关老师调换座位后孩子的反应。因为太调皮被老师调换了座位，这是孩子受到的惩罚。我不知道老师这样做是有成文的规定还是只针对这个孩子，这是班级管理问题，很多时候家长无力参与，因此，我只谈家长和孩子的部分。得到惩罚，孩子的情绪一定受到了打击，家长要意识到这一点，先安抚孩子的情绪。我虽然讲过很多次，但依然要讲，在孩子遇到问题的时候，先处理情绪，再处理事情。

安抚了孩子的情绪之后，再和他讨论调换座位的事情。家长和孩子讨论问题的时候，要站在孩子的角度，和孩子一起客观分析老师的做法，让孩子透过老师的行为理解"老师"这一角色。我从家长的描述中猜测，孩子心里对老师一定有很多愤恨才会做出叛逆的事情。如果家长可以把这些工作都做了，孩子毕业考的成绩可能会有所不同。

关于复习争取名校，也是很多家庭遇到的问题。可以让孩子锁定几所学校作为目标，然后列出详细的复习计划，具体到每天的每个时间段做什么，把玩游戏、外出和运动也列在其中，力求做到劳逸结合又丰富多彩。这样，孩子感觉有目标、有方向的同时又不会有太大的压力。如果孩子的自制力不是很强，就要列出自我监督以及他人监督的具体策略，再把奖惩措施也加进去。如果连续几天都严格遵守了计划，就奖励，具体的奖励措施可以讨论制定。如果有一天没有做到，就惩罚，建议把惩罚措施也定得积极正向一些，比如，做50个俯卧撑等。

这样就会把孩子面对的问题转化成一次使他成长的机会。一段时间后，孩子可能就会变成一个会做计划又有自制力的人了。

Q：孩子8岁，因为喜欢英语老师，所以会认真工整地完成英语作业，但是写语文和数学作业就马虎潦草、东倒西歪。请问有什么好办法解决这个问题呢？

A：《礼记·学记》里说，亲其师，信其道。意思是喜欢老师，就愿意相信老师讲的道理。这句话在这位小朋友身上体现得淋漓尽致。既然老师对孩子的影响这么大，家长就要想办法让孩子也喜欢上其他科任老师，让所有老师都成为孩子的资源。具体怎么做呢？

简单来说，家长自己要打心眼儿里欣赏和感谢老师，并把这种情感传递给孩子，潜移默化地影响他。我知道有些家长会反感老师的某些地方，但切忌把你看到的负面部分展现在孩子面前，而是要多注意老师身上的优秀品质。

心理学上说要把一个人和他做的事情分开，对老师也是如此。"老师"只是一个角色，也许在这个角色里他有做得不到位的地方，但他这个人是好的。家长可能无法跟孩子讲这么深奥的道理，但平日里可以多描述老师的优点。比如，家长可以跟孩子说："宝贝，你们数学老师好幽默呀，给我们开家长会的时候把我们逗得哈哈大笑。他是不是也经常在课堂上逗你们啊！"这样说完之后，孩子再上数学老师的课时，就会联结老师"幽默"的品质，更容易喜欢上这个老师。

另外，我们也可以和老师多沟通，一起做些事情来加深孩子对老师的喜欢。家长可以和老师商量，买一些孩子喜欢的小礼物，让老师作为奖励送给孩子。收到礼物的时候，孩子会认为这是老师的认可和肯定，自然会对老师产生好感，也就愿意为老师所教的功课而努力了。

家长还可以把孩子的特质告诉老师，请老师多加表扬，这也有助于孩子喜欢上老师，从而更愿意跟随老师学习。有个小女孩，特别敏感胆小，上小学后，妈妈就跟老师说了孩子的性格，说她需要多鼓励才会慢慢融入集体。老师很感激家长的及时沟通，之后果真就在孩子的作业、背诵等方面予以肯定，后来小女孩不仅各科都学得不错，性格也变得开朗起来。

后记 大考前给孩子写封信

宝贝，你好！

期中考试已经结束，整体结果基本实现了你的计划。

爸爸试着从旁观者的角度再次与你一起分析，总结经验，明确下半学期的目标，让你的复习更加有针对性与科学性。

这是爸爸看了很多经验介绍，听取了老师们的讲话后归纳出来的。请认真看，有针对性地吸收，记下应该注意的地方，你会收获良多。

一、把目标拆解为具体计划，让复习有条理。

距离高考还有200天，认真分析自己的弱项，合理分配时间。列出计划表，贴到房间里。

大致分三个部分：从现在开始到明年一月（高三下半学期），完成老师安排的进度；确定自由时间学习的重点科目、具体章节；明确这个阶段相对弱势的科目，做最适合这个阶段做的事。

语文：背诵古文；适应高考的作文要求，有选择地摘抄素材，以便明年复习。

数学：定点强化相对薄弱的章节，回归课本，从概念开始复习，选择薄弱章节的课外内容横向集中强化，比如立体几何、解析几何等；告诉老师自己下半学期需要加强的部分，便于老师统筹安排，因为老师准备充分才会有的放矢。

地理、历史：筛选、整理资料，缩小范围，便于明年集中背诵；整理知识脉络图，把书读"薄"，整理出一套属于自己原创的复习资料。今年理解多一些、动手多一些，明年就记忆少一些、效率高一些。

这些事情适合这个学期做好，为明年的高效复习打好基础。

建议：下半学期的复习重点是数学（系统的知识结构与重点题型）、地理、作文、英语词汇（根据《考试说明》找出还没有记住的抄下来）、英语写作。

二、学习方法。

高三阶段，方法越来越重要，特别是那些你希望能有所提升的科目，不妨专门请教老师和同学，优化复习方法。

三、认真研究《考试说明》。

先看今年的，明年的发下来后与之对比，会发现重点有变化，新增的一般是必考的。

四、数学。

1.做题遇到问题先不看答案，而是通过翻课本、问同学、找老师三个渠道来完成。

2."合并同类题矫枉过正法"：横向集中做题攻克重点章节。找出几个重点章节，先看书，再看资料，把十套题里涉及这几个章节的内容找出来做一遍，把问题集中起来问老师和同学，高效融会贯通相关知识，一周彻底搞定一个章节。其实真正需要这么攻克的不多。

3.重点章节可以借助《孙维刚高中数学》来攻克（这套书堪称复习的经典）。

4.重视基础。考试中80%是基础题，有的可能就是对课本上的例题加以改编，因此，翻一遍课本很有必要。看书的同时标记出存在问题的章节，缩小后面复习的范围。

五、语文。

这是你的优势科目，但不要吃老本，很容易变为"票仓"。注意两点：

1.作文：熟悉高考的要求与规范；整理一些好词好句和典故，经常翻阅；把高二以来的作文打印出来，反复修改几次，这些题目是老师精心设计的，很可能与高考有直接关系。

2.古文：找出还没有背、不会默写的（包括初中的），保证每周系统地过一遍，争取今年全部背下来，明年定期温习，巩固记忆。

六、地理。

这也是你的优势科目，提示两点——

1.研究地图：保证每周把上一周的内容复习一次，强化记忆；地图册可以撕下来看，用彩笔想哪儿画哪儿，这很管用，撕烂一本地图册、画烂一张地图，地理就彻底搞定了！

2.在《中国国家地理》与《博物》里找出与课本知识密切相关的文章来看，最好带有综合分析，涉及多学科知识（爸爸来做筛选工作，你再选择性地看，一周看一篇）。

七、历史。

多问妈妈，可以拜托妈妈帮你整理需要的资料或者把妈妈当作你讲解历史的对象，加强记忆的准确性与条理性，她是历史专业哦。

今年要理清历史事件的脉络，搞清朝代间的衔接，明确是什么原因导致改朝换代的、什么人在其中发挥了什么样的作用。在参考课本和统练的基础上整理出属于自己的复习资料，便于明年高效记忆。

八、时事。

要有关注时事的意识，现阶段要比过去更加重视。要知道，出题老师是一直在关注时事热点的，所以作文（阅读）、政治、历史、地理题目都可能会涉及。

坚持看《北京青年报》的第2版青评论，上面不仅有热点新闻，还有不同角度的解读，有助于你多角度思考问题，激发写作的思辨性。与热点事件发生地相关的地理和历史知识也可能成为命题的关注点，要多加注意。

总之，时事与整个文科学科都有联系。要做一些"该做的事"，而不仅仅是关心"想做的事"。"明知山有虎，偏向虎山行"才是一个聪明人该有的态度。

九、其他。

1.连续学习不要超过2小时，合理休息才会事半功倍。

2.总复习阶段可以用大块时间集中复习某个科目，便于形成知识网络。

3.善于借鉴别人好的学习方法与习惯。这并不是要你抛弃自己的方法，而是作为补充，提升自己学习方法的科学性与有效性。特别是对于相对弱势的科目，不妨学习一下别人，会有茅塞顿开、柳暗花明的感觉。

4.关键时期，要把全部心思用到学习上。时间有限，想做的事情太多，所以只做最有意义的事情，不利于提高学习成绩的事先放下，以后有的是时间。

宝贝，高三确实很紧张，但不经历高考的人生是不完整的人生！希望你继续保持自信的心态，做好规划，使用科学的方法全力以赴，爸爸相信你。

爸爸送给你这个公式：

成功=（聪明+勤奋）×规划×方法

祝你复习顺利！

爱你的爸爸

（李若辰爸爸于女儿高三上学期期中考试后写给她的一封信）

图书在版编目（CIP）数据

学习没有那么难 / 刘称莲著. -- 北京：北京联合出版公司，2022.6

（学习没有那么难）

ISBN 978-7-5596-5868-5

Ⅰ.①学… Ⅱ.①刘… Ⅲ.①学习方法—中学—教材 Ⅳ.①G632.46

中国版本图书馆CIP数据核字（2022）第017938号

学习没有那么难

作　　者：刘称莲
出 品 人：赵红仕
选题策划：木暑文化
策划编辑：朱　笛
责任编辑：牛炜征
特约编辑：李慧佳
装帧设计：见白设计

北京联合出版公司出版
（北京市西城区德外大街83号楼9层　100088）
河北鹏润印刷有限公司印刷　新华书店经销
字数112千字　　787毫米×1092毫米　　1/32　　7印张
2022年6月第1版　2022年6月第1次印刷
ISBN 978-7-5596-5868-5
定价：89.00元（全三册）

版权所有，侵权必究

未经许可，不得以任何方式复制或抄袭本书部分或全部内容
本书若有质量问题，请与本公司图书销售中心联系调换。电话：010-82069336